Ernst D. Lantermann
Die dunkle Kammer

Ernst-D. Lantermann

Die dunkle Kammer

Grenzen der Gefühle

Mit Zeichnungen von
Herbert Bardenheuer
und Photographien
von Jens Nagels

Quadriga

Aspekte des Menschen
Herausgegeben von Bernd Weidenmann

CIP-Kurztitelaufnahme der Deutschen Bibliothek

Lantermann, Ernst D.:
Die dunkle Kammer : Grenzen der Gefühle/
Ernst Dieter Lantermann. Mit Zeichn.
von Herbert Bardenheuer u. Photogr. von
Jens Nagels. – Weinheim ; Berlin:
Quadriga 1986
(Aspekte des Menschen)
ISBN 3-88679-803-8

Umschlaggestaltung: Manfred Manke
Innenlayout: Claus Seitz · München
Gesamtherstellung: Druckhaus Beltz · 6944 Hemsbach
Printed in Germany
ISBN 3-88679-803-8

Constanze, Susanne, Franziska
sowie dem Schloßcafe gewidmet

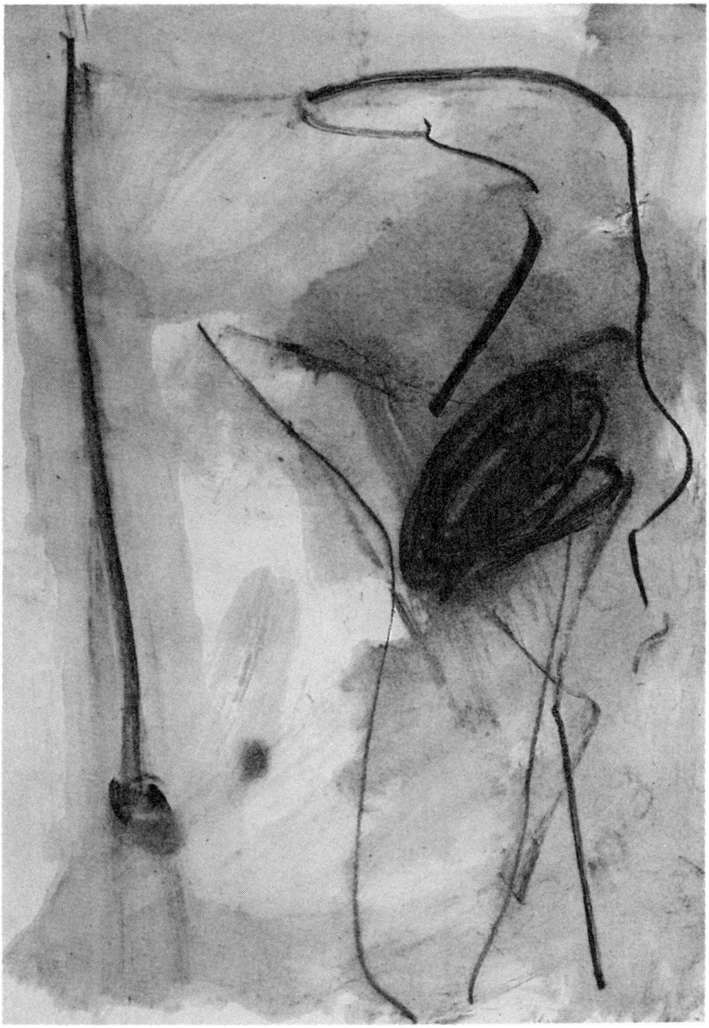

Von Gefühlen, wahren und falschen, tiefen und fehlenden, ist wieder oft die Rede. Der Rekurs auf »Gefühle«, wenn es um politisches Engagement, Selbstfindung, um Zukunft des Planeten geht, ist längst wieder hoffähig, ja in manchen Kreisen zur Pflicht geworden. Wehe dem, der keine Angst vor der drohenden ökologischen Katastrophe verspürt, wem Heimat kein hoher Wert, wer sich gefühlsmäßig nicht einbringt, wer nicht zur rechten Zeit und am richtigen Ort betroffen ist. Gefühle sind angesagt, wer sie nicht hat, nicht preisgibt, muß es lernen. Erinnerungen an Gesichter in Mutlangen: Alt und Jung nehmen sich an die Hand, formen einen heiteren Kreis, Klampfen- und Flötenklänge, Abendsonne, gemeinsam singt man ein Lied, in den Blicken aller Innigkeit und Zuversicht. Und ich allein vor dem Bildschirm. Aber dabei zu sein, in ihrer Mitte, läßt mich schaudern. Doch wieso, was läuft hier falsch? So ausdauernd Angst vor dem Atomtod kann doch keiner haben, soviel Betroffenheit hält keiner aus, soviel Wärme, Heiterkeit, Gemeingefühl auf einmal trübt den Blick, sage ich mir.
Oder mein aufbrechendes Gelächter am Morgen beim Lesen der Zeitung. Wieder einmal wird Empörung geäußert über die Bestechlichkeit eines Ministers. Beim besten Willen kann ich diese Empörung nicht in mir wachrufen, sosehr ich mich auch bemühe. Wieder stelle ich mir die Frage: Wieso – und besinne mich auf mein

Fach. Immerhin fand in der Psychologie im letzten Jahrzehnt eine »emotionale Wende« statt, eine verstärkte theoretische und empirische Hinwendung zu emotionalen Phänomenen, die allzulange aus dem Blick geraten waren.

Sehen wir einmal von der Psychoanalyse ab, die sich anmaßt, alles Menschliche erklären zu können, läßt uns auch die wissenschaftlich betriebene Psychologie durchweg bei dem Bemühen im Stich, das Alltägliche unseres Lebens zu begreifen. Ihr methodologischer Skrupel, der sie von anderen Annäherungsweisen unterscheidet, beschränkt zugleich ihren Geltungsbereich. Bei allem akkumulierten Detailwissen bleiben übergreifende Zusammenhänge zumeist im Dunkel.

Jenseits methodologisch begründeter Selbstbeschränkung und befreit von jedem Belegzwang bemühte ich mich so um ein umfassenderes Verständnis unserer gegenwärtigen »Gefühlskultur«. Allerdings halte ich das vorliegende Resultat nicht für reine Spekulation in wissenschaftsfernen Räumen, nur eben nicht für »bewiesen«. Der Leser wird entscheiden, inwieweit die vorgeführte Argumentation in sich schlüssig ist und zum Verständnis des Sachverhaltes, um den es hier geht, beiträgt.

Zuletzt einige Worte zum Titel: »Die helle Kammer – Bemerkungen zur Photographie« heißt das Buch von Roland Barthes, »Die dunkle Kammer« hier. Der Leser begreift rasch, wieso die Kammer bei Barthes »erhellt« ist, die von mir gemeinte jedoch im Dunkeln bleibt – es sei denn, es gelänge uns die Etablierung einer neuen »Gefühlskultur«. Doch davon später.
Das Projekt war beinahe beendet, als die Katastrophe von Tschernobyl geschah.

Kassel, im Juni 1986

Inhalt

I.

II.

III.

I.

1.
Gefühle entstehen nicht einfach aus mir heraus. Sie sind zwar die meinigen, und ich bin es, der fühlt; mein Ärger, meine Wut, meine Freude sind auch kaum identisch mit dem Ärger, der Wut, der Freude Anderer. Insofern stellen meine Gefühle etwas Einzigartiges, Unverwechselbares dar, das zu mir und nur zu mir gehört. Und doch sind sie alles andere als bloße Ausgeburt meiner Besonderheit. Gefühle folgen einer universellen Logik, deren Wurzeln weit in die Menschheitsgeschichte zurückverweisen, in die Entwicklungsgeschichte des Menschen und seiner Umwelt. Diese Logik steht nicht zur Disposition. Mögen wir noch so fortgeschritten sein in der Welt- und Selbstbeherrschung – unsere Gefühle warten nur darauf, sich ins Spiel zu bringen, nach den uralten Mustern und mit denselben Ansprüchen wie schon vor Jahrtausenden.
Das heißt nun nicht, daß die Liebe, das Vertrauen, die Angst, die Trauer heutzutage von denselben Ereignissen in uns und um uns veranlaßt, genauso empfunden, mit demselben Verhalten verbunden wären wie bei unseren Vorfahren: Jede Zeit bringt ihre eigenen, unverwechselbaren Gefühle hervor.

*

2.

Eine Untersuchung vorherrschender Gefühle einer Epoche würde uns Auskunft geben über den »Gefühlshaushalt« der Menschen dieser Zeit, ihre Art zu fühlen, ihre Ansichten über eigene und fremde Gefühle, deren Anlässe und Folgen. Gleichzeitig gewönnen wir ein Bild von den Usancen der Menschen im Umgang miteinander, von der geltenden Moral, von den zeitgenössischen Auffassungen vom Menschen, seinem Verhältnis zu sich, zu Gott und der Welt. So privat und intim sie uns auch erscheinen mögen: Gefühle sind in ihrer Erscheinungsform weitgehend kulturell geprägt. Indem wir fühlen, konstituieren wir uns immer wieder aufs Neue als Kinder unserer Zeit, ob wir dies nun wollen oder nicht.

*

3.

Doch nicht nur als Kinder unserer Zeit, sondern auch als Repräsentanten unserer stammesgeschichtlichen Kontinuität. In jedem Gefühl spiegeln sich die grundlegenden Existenzbedingungen des Menschen. Und damit sind sie alles andere als verfügbare, beliebige, vernachlässigbare Größen. Jedes Gefühl hat seinen biologisch verankerten Sinn. Gefühle beruhen auf

angeborenen, in der Phylogenese entwickelten, biologisch fixierten Programmen, die sich für das Überleben der Spezies Mensch als zweckmäßig erweisen mußten – mit Erfolg, wie man weiß, sonst gäbe es uns nicht.
Im Augenblick des Fühlens sind wir so in zweifacher Weise gebunden: an den kulturellen, gesellschaftlichen, ökonomischen, sozialen Kontext, in dem wir agieren, und an die biologischen Urprogramme, die »Biogramme«, an die Stammesgeschichte der Gattung Mensch. Innerhalb dieser doppelten Bindung entfaltet sich auch unsere Fähigkeit, handelnd mit uns und der Welt umzugehen, die inneren und äußeren Bedingungen unserer Existenz zu sichern. In diesen Grenzen entwickeln sich unser Denken, unsere geistigen Kompetenzen, unser Verständnis von den Vorgängen in der Welt, unsere Fähigkeiten, sinnhaft auf Ereignisse in uns und um uns zu antworten.

*

4.

Einen Vorgang verstehen meint nicht bloß, ihn in intellektueller Anstrengung zu durchdringen. Eine noch so gelungene rationale Analyse einer Sache hebt die Distanz zwischen ihr und mir nicht auf. Ich verstehe nur das, zu dem ich mich in ein *vitales* Verhältnis setze,

ein Verhältnis, an dem mein ganzer Körper beteiligt ist. Einen Vorgang begreifen meint, ihn sich einzuverleiben, die ihm innewohnende Dynamik in eine innere, körperliche Bewegung zu überführen. Ohne diese körperliche Resonanz bleiben mir die Vorgänge äußerlich. Ich weiß um sie, aber ich begreife sie nicht.
Mein Körper als Erkenntnis-Instrument: Wird er in Schwingung versetzt, mache ich die Sache zu meiner eigenen. Jedoch: Mein Körper empfindet, fühlt nur das, was die Sinne vermitteln. Daher wissen wir zwar viel, begreifen aber nur das Naheliegende. Wir fühlen am falschen Ort.

Luftradioaktivität in Offenbach am 4.5. um 19 Uhr, Gesamtwert: 3.9 Bcq/m³, differenziert nach Einzelisotopen. Auskunft des Wetteramtes Offenbach.

Isotop	Halbwertzeit	Strahlungsart	Anteil in Bq/m³	Anteil in %
Strontium 90	28,1 Jahre	β	?	?
Niob 95	35 Tage	β, γ	0,01	0,3
Ruthenium 103	39,5 Tage	β, γ	1,0	25,6
Ruthenium 106	1,0 Jahre	β	0,5	12,8
Jod 131	8,05 Tage	β, γ	1,05	26,9
Cäsium 134	2,05 Jahre	β, γ	0,3	7,7
Cäsium 137	30,0 Jahre	β	0,5	12,8
Europium 155	1,81 Jahre	β, γ	0,005	0,1
Neptunium 239	2,3 Tage	β, γ	0,13	3,3
Plutonium 239	24.400 Jahre	α	?	?

5.
Gefühle wissen um mein Verhältnis zu den Dingen, ehe ich es bedenke – ohne jede Anstrengung und unausweichlich. Sie ergreifen meinen ganzen Körper, richten ihn auf die Sache aus und erfassen sie in einem einzigen Akt. Gefühle bedeuten mir, daß es ums Ganze geht, daß die Sache, auf die sie mich richten, von vitaler Bedeutung ist. Eine Sache, die ich nicht fühle, geht mich nichts an.
Ihren Anstoß erhalten die Gefühle von den Sinnen: Einmal angestoßen, verlaufen sie nach ihren eigenen, uralten Programmen. Appelliert etwas in uns oder um uns an diese Programme, werden sie lebendig und drängen sich unserem Körper und unserem Bewußtsein auf als ein bestimmtes Gefühl. Aber nicht alles vermag den Schlaf der Programme zu stören. Nur das meinen Sinnen Zugängliche verbindet sich mit einem Programm, einem Gefühl, wird einverleibt, zu meiner Sache, begriffen.

*

6.
Unser Denken befreit uns aus den Fesseln der Urprogramme. Indem wir symbolisch und spielerisch mit uns und der Welt umgehen, sind wir der Welt und uns nicht

länger ausgeliefert. Das den Sinnen Zugängliche steht dem Denken zur Disposition, wird verfügbar, verworfen, gerechtfertigt. Im Denken ist alles möglich, auch das Unbegreifliche.
Die Entwicklung des Denkens gehorcht ihren eigenen Gesetzen. Das einmal Gedachte kann nicht ungeschehen gemacht werden, zieht weiteres Denken nach – und dank unserer technischen Intelligenz bleibt es nicht folgenlos. Denk- und Welt-Entwicklung greifen ineinander. Wir und die Welt sind – so scheint es – grenzenlos formbar. Aber die Urprogramme haben sich nicht geändert.

*

7.
Die Urprogramme liefern die Syntax, die Struktur. Unser Denken liefert die Semantik, den Gegenstand der Gefühle.
Kultur-Entwicklung war immer auch Entwicklung von Gefühls-Semantik. Was uns als gefährlich gilt, wo wir uns geborgen fühlen, was uns wütend macht, worüber wir trauern, was uns ängstigt, beglückt, was wir als schön empfinden, ist dem Wandel der Zeiten unterworfen.
Gefühle widerfahren uns und konstituieren so, ohne daß wir es wollen, unser Verhältnis zu uns, zur Welt

»Wir sind 2000 Kilometer von dieser Unfallstelle entfernt. Eine Gefährdung der deutschen Bevölkerung ist ausgeschlossen.«

»Die Bundesregierung sieht keinen Anlaß dazu, ihre eigene Atomkraftpolitik zu überprüfen.«
(Bundesminister Zimmermann nach Bekanntwerden der erhöhten Strahlenwerte über der Bundesrepublik.)

und zur Herrschaft. So entwarfen alle Machtzentralen Lernprogramme zum gesellschaftlichen Erwerb von herrschaftssichernder Gefühls-Semantik. In gleicher Weise verfahren wir mit uns selbst. Wir nehmen unser Denken in Anspruch, um uns selbst zu beherrschen, um eine Gefühls-Semantik zu errichten, die uns von beunruhigenden, störenden, quälenden Gefühlen verschont, soweit es geht.

Die Gefühls-Semantik bindet unsere Anschauung von den Dingen und uns selbst an die Syntax der Gefühle, an die Urprogramme. Diese sind abstrakt, reine Bewegung, Funktion zur Sicherung unserer Existenz. Erst im Denken vollzieht sich ihre Konkretion zu einer Semantik der Gefühle. Das Denken ist flexibel, formbar, grenzenlos, die Urprogramme sind rigide, beharrend, begrenzt.

So wird jedes Urprogramm mit einer Vielzahl von »Bildern« verbunden. Bei aller Unterschiedlichkeit jedoch ist deren Bindung an eine Syntax nicht beliebig. Die ein Gefühls-Programm aufrufenden Bilder enthalten einen Kern, in dem sich die Dynamik der Syntax wiederholt. Und dieser Kern, drängt er sich den Sinnen auf, vermag den Schlaf der Programme zu stören, versetzt uns in eine innere Dynamik, läßt uns die Dinge einverleiben, begreifen.

*

8.
Syntax & Semantik = Gefühl. In unseren Gefühlen verschmelzen die biologischen Urprogramme und unsere Bilder von uns und der Welt zu einem Ganzen, in das unser Körper genauso involviert ist wie unser Denken, Wissen, unsere Kognitionen. »Fühlen« meint daher immer zugleich einen körperlichen und geistigen, kognitiven Vorgang. Ohne eine lebendige Syntax könnten wir uns zwar vorstellen, wie wir uns fühlen würden, wenn wir fühlten, aber zum Erlebnis eines Gefühls reichte es nicht; und ohne Anbindung der Syntax an Vorstellungsbilder, an eine Semantik, blieben die körperlichen Vorgänge unerkannt, verharrten sie im Vorfeld unseres Bewußtseins. Die Semantik der Gefühle bildet die körperlichen Vorgänge in unserem Bewußtsein ab, so daß wir diese verstehen und mit ihnen in sinnhafter Weise umgehen können.

*

9.
Alexander Kluge: »Alle Gefühle glauben an einen glücklichen Ausgang.« – Ob sie uns auch stets zu einem guten Ende verhelfen, ist heute fraglicher denn je. Die

Welt und unser Wissen von ihr und von uns haben sich seit der Zeit des nomadischen Jägers und Sammlers rasant gewandelt – doch die Syntax unserer Gefühle hielt mit der Entwicklung unseres Wissens nicht Schritt.

12000 Jahre – ein Augenblick in der Entwicklungsgeschichte der Menschen, viel zu kurz, um unsere Sinne und unsere Gefühls-Syntax auf die veränderte Welt von heute einzustellen. Meine Nase, mein Ohr, meine Augen: ein Anachronismus. Ich rieche, höre, sehe unter den Bedingungen meiner Sinnesorgane, und die sind auf das Naheliegende, Begreifbare aus – wie meine Gefühle, die darauf angewiesen sind, was meine Sinne vermitteln.

Damals war auf die Sinne noch Verlaß: Alles, was wichtig war zur Meisterung des Lebens, vermittelte sich über die Sinne. Der Nomade wußte, was er sah und fühlte, was er wußte. Die Gefühle glaubten damals noch zu Recht an einen glücklichen Ausgang. In ihrer Syntax und Semantik spiegelten sich die realen, lebenswichtigen Bewegungen und Verhältnisse in der Welt. Wissen, Denken, Wahrnehmen und Fühlen richteten den Nomaden auf dieselbe – sinnlich erfaßbare – Sache aus, verbanden ihn in realistischer Weise mit den Bedingungen seiner physischen und psychischen Existenz.

Die Syntax *unserer* Gefühle folgt noch immer der

ökologischen Logik jener Zeit. Aber indem sie unser Denken zwingt, Vorstellungsbilder zu entwickeln, bildet sich in unseren Gefühlen nur noch ein geringer Teil unseres Weltwissens ab. Denn unser Denken weiß heute mehr als unsere Sinne uns wissen lassen.

*

10.

Wenn auch das Denken die Grenzen unserer Gefühle längst überschritten hat, so ist dennoch Denken ohne Gefühl schwer möglich. Bewußtseinsvorgänge finden immer in einem Körper statt, dessen Zustand das Denken begrenzt, orientiert, ihm Dauer oder Flüchtigkeit verleiht. Der Zustand meines Körpers schafft die Rahmenbedingungen meines Denkens. Im erschöpften Zustand verlieren meine Gedanken an Prägnanz und Dauer; nach 20 Zigaretten verliere ich jede Lust, mein Denken weiter gegen die Signale des Körpers zu behaupten, ich gebe ihnen nach und gleite ins lockende Bett. Im ausgeruhten Zustand dagegen vergesse ich meinen Körper, und mein Denken scheint so mühelos dessen Grenzen zu überschreiten – bis er sich wieder ins Bewußtsein schiebt, und sei es nur als Bewegungsdrang.

Körperliche Vorgänge, überschreiten sie ein Mindest-

maß an gewohnter Intensität, fordern meine Aufmerksamkeit heraus und drängen sich meinem Bewußtsein auf als ein bestimmtes Gefühl. Und dessen Semantik verhilft mir zum Erkennen meiner körperlichen Veränderungen und offeriert gleichzeitig Wege und Möglichkeiten, das zu verwirklichen, was mein Körper fordert. Jedes Denken, Erinnern, jede kognitive Tätigkeit ist eingebettet in einen sich ständig wandelnden Fluß von Gefühlen, weil jene sich in einem ständigen Veränderungen unterworfenen Körper ereignen.
Obwohl prinzipiell Denken und Gefühl sich gegenseitig durchdringen und das eine ohne das andere nicht möglich ist, so hat sich dennoch unser Denken in Regionen hineinbewegt, die unseren Gefühlen nicht zugänglich sind. Wir können etwas denken, ohne daß es uns gelänge, dem Gedachten auf direktem Wege ein Gefühl hinzuzufügen.

*

11.
Daß wir dennoch dabei etwas fühlen, hat einen besonderen Grund: Das Gedachte verbindet sich dann mit einer Gefühls-Syntax, die wenig mit den Denkgehalten, wohl aber vieles mit dem Denker gemein hat. Das von unseren Vorvätern übernommene Biogramm der

Selbstdurchsetzung, dem Bewußtsein präsent als Appell an das Selbstgefühl, mag den Denker etwa dazu anstiften, eine Bombe zu erfinden, deren Auswirkungen sich zwar jeder Vorstellungskraft und damit jedem Gefühl entziehen; die Erfindung der Bombe, wenn sie endlich gelingt, wird jedoch die Selbstdurchsetzung des Erfinders und damit sein Selbstgefühl nicht unerheblich steigern.
Wenn wir dazu noch unterstellen, daß gleichzeitig das Biogramm der Dominanz wirksam war, das im Gefühl von Macht und Triumph erfahren wird, dann können wir uns vorstellen, in welchem Ausmaß dieses Ensemble von Gefühlen den Erfinder angestachelt hat, zielgerichtet, hartnäckig und allen Widerständen zum Trotz seine Aufgabe konsequent zu Ende zu führen.

»Wir sagen, der Kalkar-Reaktor ist eine Demonstrationsanlage ... In Kalkar ist, wie bei jedem modernen Brüter, Natrium-Kühlung vorgesehen und insoweit unumstritten. Deshalb soll Kalkar als Demonstrationsanlage zeigen, daß wir hier im Lande in der Lage sind, mit der Natrium-Technologie klarzukommen.«
(Hermann Krämer, Chef der Hannoveraner Preußenelektra AG)

In solchen Fällen, in denen die Denkgehalte sich jeder sinnlichen Erfahrbarkeit entziehen, bedient sich die Syntax von Gefühlen einer Semantik, die von den eigentlichen Denkgehalten und -folgen absieht und stattdessen die instrumentellen Gehalte und Folgen für die Person des Denkers umfaßt. Die Gefühle halten dann zwar das Denken in Gang; das Denken aber überschreitet die Grenzen der Gefühle und damit die Bedingungen unserer physischen und psychischen Existenz.

*

12.

Unsere Fähigkeiten zum Denken, zum Aufnehmen, zum Speichern, Wiedererkennen und Verarbeiten von Informationen können nicht losgelöst von unseren Fähigkeiten zu fühlen und zu handeln verstanden werden. Das gesamte Inventar dieser Fähigkeiten entwickelte sich in der Evolution nach dem Gebot der Zweckmäßigkeit: Nur das, was sich als adaptiv erwies, konnte sich durchsetzen und wurde als genetische Information für kommende Generationen aufbewahrt. Da machte die Fähigkeit zum Denken keine Ausnahme.

Jedoch: Das Entwicklungstempo unseres Denkens und

des damit verbundenen technischen Umgangs mit der Welt hat eine Geschwindigkeit erreicht, mit der die Entwicklung anderer Fähigkeiten einfach nicht Schritt halten konnte. Die Syntax der Gefühle meint immer noch, wir befänden uns im Zeitalter der Jäger und Sammler. Unser Denken katapultierte uns ins 20. Jahrhundert. Damit ist der Funktionszusammenhang bedroht und mit ihm die Abstimmung des Ensembles aller unserer Fähigkeiten auf das Ziel des Überlebens.

*

13.

Auch die Jäger und Sammler dachten und dämmerten nicht einfach dahin. Sie machten Jagd auf Großwild, und dies gelang nur, wenn sie miteinander kooperierten. Der eine schlich sich an das Wild heran. Andere trieben es in die Falle, wo weitere Gruppenmitglieder bereits darauf lauerten, das Wild zu töten. Nach gemeinsamer Jagd teilte man sich die Beute; jeder nahm sich seinen Teil, ohne Furcht, daß die anderen ihm die Beute abjagten. Auch diejenigen, die an der Jagd nicht teilnehmen konnten, erhielten ihren Anteil.

Kooperation und Hilfeleistung stellten damals schon zwei lebenswichtige Funktionskreise dar, von denen man annehmen kann, daß sie als Urprogramme genetisch verankert sind. Damit diese aber in entsprechende Verhaltensstrategien überführt werden können, bedarf es mehr als einer Syntax, eines genetisch fixierten Programms. Ohne ein hoch differenziertes Arsenal von kognitiven und emotionalen Fähigkeiten blieben die Urprogramme unerhört, wirken sie als ein Impuls ins Leere.

Der Jäger und Sammler verfügte über ein Vorstellungsbild von sich und der Welt und konnte so im Sinne eines inneren Probehandelns abwägen, welche Handlungen unter welchen Bedingungen den Jagderfolg sicherstellten. Weiter mußte er den flüchtigen Ereignissen in seiner Welt durch einen kognitiven »Kunstgriff« eine gewisse Dauer und Eigenständigkeit verleihen können. Die Beute mußte für ihn auch dann noch existieren, wenn sie aus seinem Blickfeld geriet. Er machte sich Vorstellungen über die Eigenschaften der Beute: Sie liebt die feuchte Niederung in der Dämmerung, ist hellhörig, flüchtet bei Gefahr ins Dickicht: Alles Eigenschaften, die der Jäger wissen muß, um erfolgreich zu sein.

Der mit anderen Mitgliedern kooperierende Jäger mußte von sich absehen und sich in die Lage der anderen Jagdteilnehmer versetzen, um deren Verhalten vorauszusehen und sein eigenes Verhalten auf das gemeinsame Ziel hin koordinieren zu können.

Diese kognitive Fähigkeit zur „Dezentrierung“, gemeinsam mit der Fähigkeit zur Einfühlung in die Gefühlslage der Anderen, zur Empathie, stellen wichtige Voraussetzungen zum Beuteteilen und zum Hilfeverhalten dar. Wünsche und Absichten der anderen Gruppenmitglieder mußten vom Jäger erkannt, als berechtigte anerkannt werden. Er mußte zudem Handlungen ausführen wollen, die (auch) einem Anderen zugute kamen. Das Sich-Einfühlen in die Gefühle des Bedürftigen führte zu einer inneren Spannung, die sich erst dann löste, wenn er die Hilfeleistung erbracht hatte. Das Nachempfinden der Bedürftigkeit beim Anderen war somit der Motor seines Hilfeverhaltens. Ohne diese kognitiven und emotionalen Fähigkeiten verharrten die Urprogramme im Zustand bloßer Verhaltens-Potentiale; erst im integrierten Zusammenwirken von Urprogramm, Kognition und Gefühl wurden diese Potentiale erweckt und in Abstimmung mit den herrschenden Umweltbedingungen in Taten umgesetzt. Denken, Fühlen und Handeln ordneten sich beim Jäger und Sammler derselben Logik unter: In ihren wechselseitigen Verschränkungen und Bedingtheiten und angepaßt an seiner Ökologie verhalfen sie ihm zur Meisterung seiner Lebensaufgaben.

*

14.
Unsere biologisch fixierte Syntax liefert also keine strikten Verhaltensprogramme, die einfach ablaufen, wenn eine Semantik verlebendigt wird. Wir reagieren nicht instinktiv und könnten uns dies auch gar nicht leisten. In den Urprogrammen sind nur wenige Steueranweisungen angelegt, die wir im Wechselspiel mit der Umwelt und dank unserer Fähigkeit zum Fühlen und Denken in konkretes Verhalten überführen können – oder auch nicht, wenn wir uns weigern, den Impulsen der Syntax nachzugeben. Unsere Gefühle und unser Denken erlauben es uns, die Impulse der Syntax in erfolgreiche, den wechselnden Umweltbedingungen flexibel angepaßte Handlungen umzumünzen. Wir steuern unser Verhalten, wählen aus der Menge denkbarer Verhaltensakte die günstigsten aus und mobilisieren unsere Körper-Energien, um auch auszuführen, was wir wollen.
Mit der Ausformung unserer Fähigkeiten zu fühlen und zu denken erweiterte sich der Spielraum des Verhaltens immens. Indem die Menschen fühlen lernten, befreiten sie sich aus den Fesseln biologisch fixierter Verhaltensprogramme. Gefühle aber übersehen nie die Grenzen des Körpers. Sie bieten nur solche Lösungen an, die auf die gegenwärtige Verfassung meines Organismus Rücksicht nehmen.
Denkend erarbeite ich mir ein Bild von der aktuellen

Lage und räsoniere über die nächsten Schritte und deren mögliche Folgen. Gefühle aber zeigen mir an, wie es gerade um mich steht und was zu tun wäre. Willentlich zwinge ich meinem Denken Verlauf und Inhalte auf, deren Beachtung ich für wichtig halte. Gefühle aber widerfahren mir, bemächtigen sich meines Bewußtseins, drängen sich auf – spontan, ohne jede Anstrengung und unausweichlich. Wie ich im weiteren mit ihnen verfahre, ob ich sie hinnehme, akzeptiere, ignoriere oder verwerfe, steht dagegen mehr oder weniger in meinem Belieben.
Denken und Fühlen folgen einer verschiedenen Logik. Beide aber tragen auf ihre Weise zum beachtlichen Spielraum unseres Handelns bei und damit zu unserer Fähigkeit, auf wechselnde Anforderungen flexibel und angemessen zu antworten.

*

15.
Nicht alles, was denkbar ist, wird auch bedacht, nicht jedes greifbare Ziel verfolgt. Dafür sorgen schon unsere Gefühle. Sie vereinfachen unsere momentane Sicht der Dinge, begrenzen unser Denken und stabilisieren dessen Orientierung. In meiner Wut verschwindet jedes Wenn und Aber, ich sehe nur noch rot. Aus kompli-

TIRED OF TERRORISM?
STRIKE BACK!
COL. MOMMAR KHADAFY

zierten Charakteren werden Gegner, die vernichtet werden müssen. Was später kommen mag, ist ohne Belang.

Werden wir von einem heftigen Gefühl ergriffen, ordnet sich unser Denken dem Gefühl unter und folgt dessen Logik. Vergangenheit und Zukunft gerinnen zu einem Augenblick, Unbestimmtes wird zur Gewißheit, Kompliziertes vereinfacht. Unser Denken und Wollen richten sich nur noch auf das Ziel, welches unser Gefühl vorgibt – es geht hier und jetzt ums Ganze.

So schafft mein Denken mir Gewißheit und Bestimmtheit, wenn es sich der Logik des Gefühls unterwirft. Es bewegt sich in den Grenzen der Gefühls-Semantik und folgt damit letztlich den Impulsen meiner Syntax. Und diese mobilisiert und bündelt meine Körper-Energien, damit ich das auch tun kann, was mir die Gefühls-Semantik nahelegt. Zugegeben: es handelt sich hier um einen extremen Anfall von Gefühlen.

Im beruhigten Zustand dagegen koppelt sich das Denken von der Logik der Gefühle ab, soweit es geht. Aber Denken allein schafft keine Gewißheit, keine Ausdauer, kein Ziel, kein Tun. Ohne Rahmen zerfließt, zerfasert das Denken. Ein erdachtes Bild vom Zustand der Welt und von mir wird erst über ein Gefühl zur Gewißheit, ein denkend entworfenes Ziel zu einem orientierenden und organisierenden Prinzip erst dann, wenn sich diesem Ziel ein entsprechendes Gefühl hinzugesellt. Die Lust am Denken speist sich nicht allein aus dem Denken heraus.

*

16.

Die Leistungsfähigkeit einer Epoche bemißt sich nicht zuletzt daran, inwieweit es den Menschen dieser Zeit gelingt, Denken und Fühlen so aufeinander einzustellen, daß aus ihrem Zusammenspiel angemessene Formen und Wege einer handelnden Auseinandersetzung mit der Welt erwachsen. Angemessen in einem zweifachen Sinn: Die Handlungen müssen sowohl die realen Welt-Verhältnisse als auch die innere Verfassung der Menschen hinreichend berücksichtigen.
Bildet sich im Denken und Fühlen die Wirklichkeit verzerrt, verfälscht, verkürzt ab, richtet sich das Tun auf das Falsche und kann so auf Dauer seinen Zweck nicht mehr erfüllen, die äußeren Bedingungen der Existenz zu wahren. Ignorieren wir dagegen unsere innere Verfassung, die Anforderungen und Grenzen unseres Körpers, dann scheitern wir auf Dauer ebenso. Wir sind nur dann auf längere Sicht überlebensfähig, wenn wir mit unserem Tun diese doppelte Anpassung nicht aus den Augen verlieren.

*

17.

Die Syntax unserer Gefühle ist eine unwandelbare Mitgift der Natur: Die Möglichkeit, Freude oder Angst zu empfinden, ist angelegt als biologisch fixiertes Programm. Aber die Auslöser für die Syntax, die Anlässe – kurz: die Semantik der Gefühle – ist dem Wandel unserer Beziehungen zur Welt unterworfen. Über die Semantik der Gefühle übertragen sich die realen Verhältnisse auf unsere psychischen Funktionen – solange unsere Syntax, auf welchem Weg auch immer, in ein *vitales* Verhältnis zu den relevanten Ereignissen in der Welt gebracht werden kann.

Ist dies nicht möglich, verlieren wir jeden lebendigen Bezug zur Wirklichkeit. Wir sind dann gezwungen, Inseln der Gefühle zu errichten, um abseits von den realen Verhältnissen den Anforderungen unserer Syntax nachzukommen. In der Semantik unserer Gefühle bilden sich dann unbedeutende, »irreale« Verhältnisse und Bewegungen ab. Indem wir den Impulsen der Syntax, eingebettet in eine falsche Semantik, folgen, richten wir unser Tun auf die Erhaltung und Herstellung von Bedingungen, die längst ihre lebenserhaltende Funktion verloren haben.

*

18.

Mit der neolithischen Revolution war in der Menschheitsgeschichte ein Wendepunkt erreicht, an dem sich die Welt und die Beziehungen der Menschen zueinander ziemlich abrupt wandelten: Der Übergang zu gezielter Nahrungsproduktion und zur Seßhaftigkeit. Das Arsenal an Fähigkeiten, die den Jäger und Sammler auszeichneten und deren Ausformung sich über Jahrmillionen erstrecken konnte, griff nicht mehr. Der Evolution fehlte die Zeit, die biologisch fixierten Urprogramme so umzuformen, daß der veränderten Welt mit einer veränderten Syntax hätte begegnet werden können. In der neuen Welt und unter den neuen Verhältnissen zwischen den Menschen bilden sich so zwar keine prinzipiell neuartige Fähigkeiten und Funktionen aus, wohl aber eine neue Art zu denken, ein neuartiger Umgang der Menschen mit ihrer Syntax, eine neue Gefühls-Semantik und damit veränderte Verhaltensstrategien gegenüber der Welt und sich selbst.

War der Jäger und Sammler noch gezwungen, auf der Suche nach Nahrung dem Wild zu folgen und immer neue Terrains wildwachsender Pflanzen aufzuspüren, vermochten seine Nachfahren sich auf Dauer und an Ort und Stelle zu ernähren. Sie erlernten, vielleicht aus Gründen knapp gewordener Ressourcen, den Ackerbau. Dank ihrer Fähigkeit zu immer steigender Nah-

rungsproduktion bildeten sie allmählich größere ortsansässige Gruppierungen bis hin zu ersten Bevölkerungsballungen.
Während die Umwelt dem Jäger und Sammler das meiste bot, was er benötigte, waren die Ressourcen bei der Ackerwirtschaft in der Regel eingeschränkt. Was nicht am Ort verfügbar war, mußte durch Tausch und Handel erworben werden. Um tauschen zu können, mußte man etwas im Überschuß produzieren, das für denjenigen, mit dem man tauschen wollte, einen Wert darstellte, den dieser auch nur durch Tausch erwerben konnte. Damit machte es Sinn, sich auf die Herstellung bestimmter Güter zu spezialisieren. Spezialisierung aber schuf Abhängigkeit von anderen Spezialisten.
Auch die Jäger und Sammler und die Ackerbauern der ersten Generation lebten in gegenseitiger Abhängigkeit. Jedoch kannte man sich in der kleinen Gemeinschaft und war einander vertraut. Mit zunehmender Bevölkerungszahl am Ort aber traten an die Stelle eines überschaubaren Abhängigkeitsgefüges zwischen Vertrauten immer komplexer ausgeformte Abhängigkeitsketten zwischen Spezialisten, die sich nicht mehr kannten und sich gegenseitig als Fremde erlebten.
Nicht zuletzt diese Abhängigkeit von fremden Spezialisten – eine neue Erfahrung in der Menschheitsgeschichte – wird unsere Vorfahren mit Besorgnis erfüllt haben, wenn sie ihre Zukunft bedachten. Aber auch die

veränderte Produktionsweise des Ackerbaus trug zu einer veränderten Zukunfts-Haltung bei. Der Jäger und Sammler konnte, wenn er einige Tage nichts fand, um seinen Hunger zu stillen, darauf rechnen, daß seine vertrauten Mitmenschen ihm zur Hilfe kamen. Voraussicht über einen längeren Zeitraum war nicht nötig. Anders dagegen beim Ackerbauern. Mit seinen produzierten Gütern mußte er haushalten, Vorräte für die Zeit zwischen den Ernten anlegen und jederzeit mit einer Mißernte rechnen. Sein Planungs- und damit Zeithorizont dehnte sich beträchtlich aus. Die Ereignisse, die er bei seinem gegenwärtigen Tun einkalkulieren mußte, die ihn mit Gefühlen wir Sorge, Angst oder Hoffnung erfüllten, überschritten zwangsläufig die Grenzen seiner unmittelbaren, räumlich und zeitlich engen Lebenswelt.

Die Menschen entwickelten ein gänzlich neues Zeitverständnis, ein anderes »Tempo«, und, damit eng verknüpft, eine immer ausgedehntere Zukunfts-Perspektive.

*

19.
Solange die Menschen in kleinen Gruppen und relativ isoliert von anderen Menschengruppen lebten und das, was sie für ihren Lebensunterhalt brauchten, in ihrer unmittelbaren Umgebung ohne große Umwege fanden oder erzeugen konnten, bestand für sie keinerlei Notwendigkeit einer längerfristigen Planung und Voraussicht. Ihr Denken und Fühlen richteten sich auf das unmittelbar Gegebene. Die Reichweite ihrer Sinne markierte die Grenzen ihrer Welt, ihres Denkens, Fühlens und Handelns.
Da die Regungen des Jägers und Sammlers sich zumeist auf die unmittelbare Gegenwart richteten, war jede Veränderung der augenblicklichen Lage von einem Wechsel seiner Denk-Richtung und -Gehalte, seiner Gefühle und Absichten begleitet. Indem er handelte, so wie es gerade die Situation verlangte, ohne lange Berechnung und ohne Gedanken an die möglichen Folgen seines Tuns in irgendeiner Zukunft, band er sein gesamtes Denken und Fühlen, seine ganze Psyche, an die Welt, wie sie sich im Augenblick seinen Sinnen darbot.
Wir können unterstellen, daß sich im Laufe der Evolution diese sinnesgebundene Syntax entwickelt hatte, weil sie in optimaler Weise an derartige Lebensbedingungen angepaßt war. Solange auch das Denken der unmittelbaren, in Reichweite der Sinne liegenden

Einige Grundgedanken der gestalttherapeutischen Lebensphilosophie:

(1) »Lebe jetzt. Kümmere Dich um die Gegenwart, statt um die Vergangenheit und die Zukunft«.
(2) »Lebe hier. Beschäftige Dich mit dem Anwesenden, statt mit dem Abwesenden«.
(3) »Höre auf, Dir etwas vorzustellen. Erfahre die Realität«.
(4) »Höre auf, unnötig zu denken. Besser: Probier und schau«.
(5) »Drücke Dich lieber aus, anstatt zu manipulieren, zu erklären, zu rechtfertigen und zu urteilen«.

Gegenwart verhaftet blieb, konnten die Menschen eine Gefühls-Semantik aufbauen, welche in adäquater Weise die Anforderungen der Syntax in eine dem Bewußtsein zugänglichen »Sprache« übersetzte. Biologisches Urprogramm, Denken und Gefühl waren auf dieselbe Sinneswelt gerichtet.

*

20.
Jede weitere Differenzierung gesellschaftlicher Funktionen, jedes weitere Glied einer immer längeren Abhängigkeitskette von Handlungen Einzelner, erforderte nun in zunehmendem Maße ein Überschreiten des Augenblicks. Die Grenzen der Lebensbezirke verschoben sich in die Zonen des bloß Imaginierten, Vorgestellten, Denkbaren. Denken und Fühlen emanzipierten sich von der unmittelbar wirkenden, sinnlichen Gegenwart.

Da jetzt der Einzelne immer ausgedehntere räumlich-zeitliche Bereiche erfassen, Vergangenes, Gegenwärtiges und Künftiges an nahen und fernen Orten für die Planung von Handlungen berücksichtigen muß, wird er gezwungen, Gemeinsames, Gegensätzliches und Differenzierendes zwischen verschiedensten Ereignissen und Dingen seiner erweiterten Lebenswelt herauszuarbeiten. Die Verhältnisse erfordern eine die direkte Sinneserfahrung transzendierende und verallgemeinernde Sicht der Dinge und damit eine verallgemeinernde Gefühls-Semantik.

Waren es früher das Raubtier, der dunkle Wald, der steigende Fluß, der sichtbare Mitmensch, die zur Furcht Anlaß gaben, die erfolgreiche Jagd, der ersehnte Regen, die die Menschen freute und befriedigte, konnte jetzt alles Furcht oder Freude bringen, was eine Bedrohung oder Erweiterung des eigenen Handlungsspielraumes innerhalb des immer enger geflochtenen Abhängigkeitsnetzes bedeutete. Da der Denk- und Planungshorizont auch zeitlich und räumlich Fernes umschloß, war alles innerhalb dieser Grenzen, real oder imaginiert, eine potentielle Quelle unterschiedlichster Gefühle.

Diese neue Semantik der Gefühle führte deren Syntax an die veränderten Verhältnisse heran. Die Aktivierung der Syntax war so nicht länger an Ereignisse der unmittelbaren, sinnlich erfahrenen Umwelt gebunden, sondern konnte nun auch in Gang gesetzt werden von sinnenferneren Geschehnissen.

Mit der Verallgemeinerung der Gefühls-Semantik erweiterte sich der Bereich potentieller Auslöser für die Urprogramme immens. Was von vitaler Bedeutung für den Einzelnen war, seine physischen und psychischen Existenzbedingungen berührte, hatte die Grenzen der unmittelbaren Sinnes-Erfahrung überschritten.

Die Gefühle zeigten dem Menschen nun an, was die Syntax in der veränderten, komplizierter gewordenen Welt verlangte und was hier, jetzt und künftig zu tun wäre. Sie setzten ihn in ein vitales Verhältnis auch zur neuen Welt.

*

21.
Doch bei aller »Sinnes-Ferne«, aus der sich die Dinge uns darbieten, bleibt etwas unerläßlich, damit auch eine verallgemeinerte Gefühls-Semantik mit einer entsprechenden Syntax zu einem lebendigen Gefühl verschmilzt: Nur das, was eine lebendige Anschauung hervorruft – ein Bild, das unsere Sinnesorgane anspricht – findet Eingang in eine Gefühls-Semantik. Das Nicht-Vorstellbare, sinnlich Nicht-Faßbare kann kein Gefühl hervorrufen. Hier liegen die Grenzen, für alle Zeiten. Da Denken und Gefühle im Zuge dieser Entwicklung jedoch diejenige Umwelt zu transzendieren lernten, auf welche die Evolution die menschlichen Funktionen und Fähigkeiten in optimaler Weise eingestellt hatte, ist nicht mehr gewährleistet, daß mit den Handlungen eine innere *und* äußere Anpassung gelingt. Das Verhältnis von Innen und Außen wird problematisch. Es wird fraglich, ob die Syntax uns noch auf die lebensrelevanten Ereignisse, Dinge und Bewegungen richtet, oder ob sie uns nicht eher auf das Periphere, Unwichtige lenkt.

*

22.
Mit der Herausbildung von Bevölkerungsballungen und der zunehmenden Verflechtung des Einzelnen in

Entsorgungspark

immer längere und störanfälligere Interdependenzketten wurde eine Monopolisierung körperlicher Gewalt notwendig. Erst die Sicherheit vor allgegenwärtigen körperlichen Angriffen verhalf den gesellschaftlichen Strukturen zu jener Stabilität, deren Verläßlichkeit eine wesentliche Bedingung zum »Funktionieren« des Ganzen darstellte.

Zu einer Monopolisierung körperlicher Gewaltausübung durch eine zentrale Institution bestand in Zeiten zuvor keine Veranlassung. Innerhalb des begrenzten Lebensbezirkes konnten die heftigsten Gefühle noch weitgehend ohne Schaden für den Einzelnen und seine Mitmenschen ausgelebt werden.

Die neuen Strukturen der Lebenswelt verlangten nun, daß der Einzelne sein Verhalten auch ohne äußeren Druck selbst regelte. Beides, die Öffnung des Denk- und Handlungshorizontes über die den Sinnen unmittelbar zugängliche Welt und die fortschreitende Zurückdrängung von körperlicher Gewalt förderte eine allmähliche Umwandlung von Fremd- in Selbstbeherrschung. Die physische Bedrohung bleibt nicht mehr von augenblicklichen Gefühlen bestimmt, sie wird allmählich unpersönlicher und eher als Begrenzung des eigenen Handlungsspielraumes vorweggenommen denn als unmittelbare, von konkreten Menschen ausgehende, körperliche Gefahr erlebt. Der Zwang, den der Einzelne nun auf sich selbst ausübt, gründet in stärkerem Maße als zuvor auf seinem Wissen um kurz- und langfristige Folgen seiner Handlungen über eine lange Reihe von Handlungsverflechtungen hinaus. Selbstbeherrschung wird zum Lebensprinzip.

*

23.
Folgen wir ein wenig der Darstellung von Norbert ELIAS zum Prozeß der Zivilisation als Zwang zur Selbstkontrolle der Menschen:
»Von den frühesten Zeiten der abendländischen Geschichte bis zur Gegenwart differenzieren sich die gesellschaftlichen Funktionen unter einem starken Konkurrenzdruck mehr und mehr. Je mehr sie sich differenzieren, desto größer wird die Zahl der Funktionen und damit der Menschen, von denen der Einzelne bei allen seinen Vorrichtungen, bei den simpelsten und alltäglichsten ebenso, wie bei den komplizierteren und selteneren, beständig abhängt. Das Verhalten von immer mehr Menschen muß aufeinander abgestimmt, das Gewebe der Aktionen immer genauer und straffer durchorganisiert sein, damit die einzelne Handlung darin ihre gesellschaftliche Funktion erfüllt. Der Einzelne wird gezwungen, sein Verhalten immer differenzierter, immer gleichmäßiger und stabiler zu regulieren.

Gerade dies ist charakteristisch für die Veränderung des psychischen Apparats im Zuge der Zivilisation, daß die differenzierte und stabilere Regelung des Verhaltens dem einzelnen Menschen von klein auf mehr und mehr als ein Automatismus angezüchtet wird, als Selbstzwang, dessen er sich nicht erwehren kann, selbst wenn er es in seinem Bewußtsein will. Das Gewebe der Aktionen wird so kompliziert und weitreichend, die Anspannung, die es erfordert, sich innerhalb seiner »richtig« zu verhalten, wird so groß, daß sich in dem Einzelnen neben der bewußten Selbstkontrolle zugleich eine automatisch und blind arbeitende Selbstkontrollapparatur verfestigt ... Aber bewußt oder nicht bewußt, die Richtung dieser Veränderung des Verhaltens im Sinne einer immer differenzierteren Regelung der gesamten, psychischen Apparatur ist bestimmt durch die Richtung der gesellschaftlichen Differenzierung, durch die fortschreitende Funktionsteilung und die Ausweitung der Interdependenzketten, in die, mittelbar oder unmittelbar, jede Regung, jede Äußerung des Einzelnen unausweichlich eingegliedert ist.“

*

24.
Gäben wir in einer Welt engster gegenseitiger Abhängigkeiten stets unseren Gefühlsimpulsen nach, wäre unsere Existenz bedroht. Auf den Augenblick beschränkt, ohne Voraussicht fernerer Wirkungen unseres Tuns, die Welt und uns vereinfachend bis zur Stimmigkeit mit dem vorherrschenden Gefühl, gerieten wir in einen Taumel akuter und rasch wechselnder Handlungsimpulse. Von einer kurzfristigen Lösung zur anderen schreitend, verlören wir den Gesamtzusammenhang rasch aus dem Blick – es sei denn, es gelänge uns, eine Gefühls-Semantik zu etablieren, die unsere augenblickliche vitale Verfassung auch an Fernes, Künftiges, bloß Imaginiertes, aber stets auf das »Ganze« Verweisende zu binden in der Lage wäre.
»Selbstbeherrschung«, im Sinne eines Verzichts auf spontanes Ausagieren eines erregten Gefühls, wäre also nur für solche Gefühle zu fordern, deren Semantik zu kurz greift, für Gefühle, die uns zu Handlungen antreiben, die zwar im Augenblick zu einer erhöhten inneren und äußeren Anpassung beitragen mögen, auf längere Sicht und aufs Ganze gesehen jedoch eine Verschlechterung der Verhältnisse bewirken.
Eine ständige Beherrschung und Unterdrückung von Gefühls-Impulsen fordert vom Einzelnen auf Dauer einen hohen Preis: Seine erfolgreiche Anpassung nach außen schlägt nach innen um in tendenzielle Selbstver-

nichtung. Eine Gesellschaft, die ihre Existenz einem Übermaß an Selbstbeherrschung ihrer Mitglieder verdankt, hat keine Zukunft. Denn unsere Syntax läßt sich nicht betrügen, verlangt ihr Recht und setzt sich durch – auch wenn dies zur Selbstzerstörung führen sollte. Das Verlangen unseres Körpers läßt die Welt, so wie sie heute ist, kalt. Er beharrt darauf, daß alles noch so ist wie vor 12000 Jahren.

Die Vermittlerrolle zwischen Körper und Außenwelt fällt der Semantik zu. Aber nicht jede Gefühls-Semantik leistet diese Vermittlung gleich gut. Eine Gefühls-Semantik wird ihrer Vermittlerrolle nicht gerecht, wenn sie uns zu einem Handeln veranlaßt, dessen Folgen langfristig und in bezug auf die Gesamtstruktur der Lebensverhältnisse dysfunktional sind.

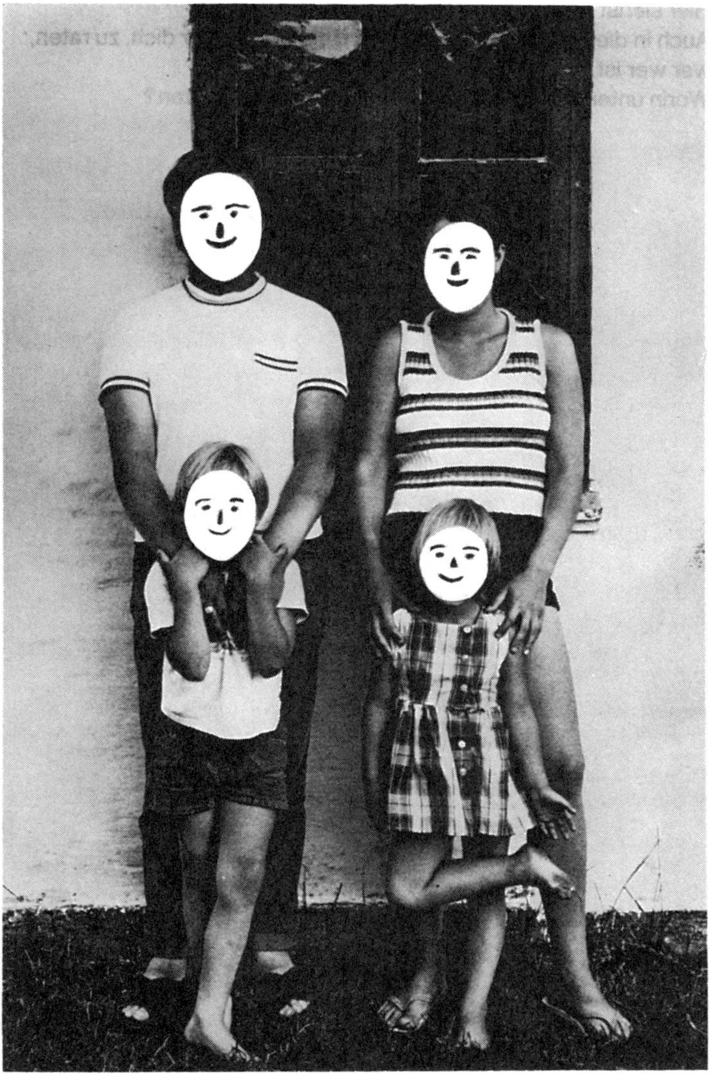

II.

25.
Die Etablierung einer wirklichkeitsgerechten Gefühlssemantik macht ein Denken erforderlich, das wir erst noch lernen müssen. Unser eingeübtes Denken versagt umso drastischer, je notwendiger Analysen komplexer Zusammenhänge für die Sicherung unserer Handlungsfähigkeit werden. Denn es konzentriert sich auf eine präzise Erfassung von Details und verliert dabei das Ganze aus den Augen.
Gleiches widerfährt uns mit den Gefühlen. Ihre Semantik beruht auf Erfahrungen, die von der Totalität der Lebenszusammenhänge abgeschnitten sind. In den Gefühlen spiegeln sich nur noch isolierte Momente des komplexen Gefüges, das unsere Lebenswelt auszeichnet. Die Semantik der Gefühle stellt heute keinen Verbindungsweg mehr zwischen den wirklichen Verhältnissen und dem Einzelnen dar, auf den man sich noch verlassen könnte. Sie gaukelt uns nur eine Wirklichkeit vor, in der wir uns zuhause fühlen dürfen.

»Wir werden wahrscheinlich stärker berührt beim Anblick eines brennenden Kindes als bei dem eines auflodernden Planeten.“

(Rene Magritte)

»Die kesse Spottfrage: ›Glaubst Du vielleicht, ich bin von gestern?‹ muß durchweg positiv beantwortet werden. Jeder von uns ist heute von gestern« (Günther Anders).
Wir erfahren das heutige Zeitalter auf der Grundlage von Erfahrungen, für die es keinerlei stichhaltigen Grund mehr gibt. Bei Gelegenheit stoßen wir, zumeist ungewollt, auf diese Kluft zwischen individueller Aneignung von Wirklichkeit und dem Wirklichen und schrecken vor dem Abgrund zurück. Doch unsere Binnen-Mechanismen sorgen in der Regel dafür, daß dieser Schrecken rasch wieder vergeht – und folgenlos: Noch einmal davongekommen und schnell vergessen. Im Ernstfall gilt nun mal: Was kümmert mich die Welt, wenn es hier und jetzt ums Ganze geht? Dafür sorgen schon unsere Gefühle.

*

26.
Mit der Irrationalität unserer Handlungen wächst der Zwang zur rationalen Erklärung und Begründung; und diese Irrationalität erwächst aus der fortschreitenden Dysfunktionalität rationaler Denk- und Handlungsstrategien im sinnvollen Umgang mit uns und der Welt. Was uns heute als rational gilt, als selbstverständliche und höchstentwickelte Gebrauchsnorm unseres Ver-

standes, ist geschichtlich Gewordenes wie alle anderen spezifischen Modellierungen menschlicher Fähigkeiten auch.

»Nach den Regeln der praktischen Vernunft ist das zwangsläufig bleibende, bei uns aber äußerst geringe Restrisiko verantwortbar.«

»Bei der Kernenergie hat man mit erheblichen Beträgen eine Technik entwickelt, die gesamtwirtschaftlich und privatwirtschaftlich riesige Vorteile bringt.«

(Forschungsminister Heinz Riesenhuber)

In der Rationalitäts-Modalität der Vernunft spiegeln sich die gesellschaftlichen Verhältnisse, unter denen sie sich entfaltete, wider, und ebenso die kumulierten Erfahrungen mit erfolgreichen Handlungs-Strategien, die über Jahrtausende hinweg ausgebildet und überliefert wurden. Zwischen den Techniken einer Welt- und Selbstbeherrschung, wie sie bereits für die Organisation neolithischer Stadtstaaten im Mittelmeerraum, im Indus-Tal und in China erforderlich waren und den heute dominanten Strategien und Techniken der Welt- und Wissensaneignung besteht eine deutliche Kontinuität.

27.
Was dem Jäger und Sammler noch zur Meisterung des Lebens verhalf, seine Art, sinnesgebunden zu denken, zu fühlen und zu handeln, wurde später zu einer Gefahr für die Aufrechterhaltung der Fortentwicklung menschlicher Verhältnisse. Die Menschen lernten, sich bei der Regulierung und Organisation ihrer Handlungen weniger auf aktuelle Sinneseindrücke und momentane Impulse des Körpers zu verlassen. Stattdessen übten sie sich mit Erfolg darin, bei der Planung, Ausführung und Bewertung ihres Tuns von sich und der unmittelbar wirkenden Sinneswelt abzusehen – zugunsten einer »objektiven« Sicht der Dinge. Ihr Denken emanzipierte sich vom Körper und geriet zu einem rationalen Instrument der Welt- und Selbstbeherrschung.
Doch die Rationalitäts-Modalität unserer Vernunft, um die es hier geht, versagt vor einer Welt, die auf unsere Eingriffe als System antwortet. Früher, als sich die Handlungen der Menschen nur auf ein begrenztes Terrain auswirkten, das weitgehend unberührt blieb von den Aktionen in anderen Lebensbezirken und zudem gleichzeitig von diesen Handlungen keine Gefährdung der materiellen und sozialen Bedingungen des Lebens ausging, konnten Handlungen nach rationalem Kalkül die äußeren und inneren Existenz-Voraussetzungen der Menschen sichern und optimieren.

Heute bilden unsere Lebensbereiche Subsysteme eines weltumspannenden Gesamt-Systems, in das unsere Einzel-Aktionen mehr oder weniger unmittelbar verwoben sind. Es gibt keine Insel mehr.
Auch die Biosphäre ist ein globusumfassendes System. Daß die Menschen es sich erlauben konnten, dies nicht zu allen Zeiten ins Kalkül zu ziehen, lag nur daran, daß die Folgen ihrer Handlungen die Eigengesetzlichkeiten der Biosphäre nicht nachhaltig störten. Das aber hat sich in der Zwischenzeit grundlegend gewandelt: Mit den sich aufschaukelnden und gegenseitig verstärkenden Folgen unseres Tuns stoßen wir längst an die Toleranzgrenzen auch dieses Systems. Die Biosphäre schlägt zurück – und wir retten uns weiterhin in den Glauben, alles nach gewohnter rationaler Art wieder ins rechte Lot zu bringen.

»Durch ein Mehr, nicht durch ein Weniger an Vernunft lassen die Wunden sich heilen, welche das Werkzeug Vernunft im unvernünftigen Ganzen der Menschheit schlägt.« Th. W. Adorno

---

Allerdings verfügen wir mit unserer Fähigkeit zum Denken über ein Instrument, mit dessen *angemessenem* Gebrauch wir durchaus in der Lage wären, eine

realistische Sicht der Dinge und entsprechende Handlungsstrategien zu entwerfen. Gerade die Entfernung jeglicher Irrationalität aus dem Gebrauch unserer Ratio wird zur notwendigen Vorbedingung unseres Überlebens.
Doch dem sind Grenzen gesetzt. Eine Anerkennung der Irrationalität unserer gewohnten Form von Rationalität hätte zur Folge, daß wir uns selbst nicht mehr verstünden. Wir klammern uns mit allen Fasern an die Illusion der Vernünftigkeit unserer Vernunft.

*

28.
Es kommt noch etwas hinzu: Nur Gedachtes, an das sich Vorstellungsbilder knüpfen, veranlaßt uns zu einem Tun. Erst die sinnliche Anreicherung des puren Wissens über Dinge läßt mich ein vitales Verhältnis zu ihnen eingehen, und sie damit begreifen, zu meiner Sache machen, die mich zu Aktionen treibt. Ohne die Aktivierung von Gefühlen bleiben Erkenntnisse folgenlos, bloß objektives Wissen, das mich nichts angeht. Wir wurden im Laufe der Evolution nicht darauf vorbereitet, vital, mit unserem ganzen Körper, auf Zustände zu antworten, die jenseits unserer Sinnenwelt liegen. Deren Reichweite ist auch heute noch begrenzt

Landschaft bei Kassel, Mai 1986

auf den natürlichen Selektionsbereich des Jägers und Sammlers.
Heute aber sind weite Bereiche unserer Kenntnisse und Techniken sowie deren Auswirkungen auf unser Leben »außersinnlicher« Natur. Dies gilt etwa für die technischen Großapparate, denen gegenüber unsere angestammten, von der Wahrnehmung ausgehenden Erkenntnisleistungen versagen. »Das ›Mysterium‹ von heute (liegt) in den Kolossalgeräten und Gerätekomplexen (...), da diese nur scheinbar sichtbar sind, in Wirklichkeit aber unsichtbar bleiben. Der Versuch, ihren Sinn vermittels unserer Sinne wahrzunehmen, wäre ein völlig unsinniges Unterfangen« (Günther Anders).
Die Erscheinungsform eines Gebäudes, einer Maschine, eines Atomkraftwerkes, einer Fabrik, einer Bombe, gibt nichts mehr an Erkenntnis her. Die Funktionen bleiben unsichtbar.
Da hilft auch keine postmoderne Architektur. Diese täuscht nur eine harmonische Korrespondenz von Form und Bewandtnis vor, um uns mit der Sinnenlosigkeit der heutigen Welt für einen Augenblick zu versöhnen. Sinnestäuschung als postmoderne Methode.

*

Polizeipräsidium einer westdeutschen Großstadt

29.
Auch die Folgen moderner Technik bilden sich längst nicht mehr auf die Sinne ab. Man ist ja bereits geneigt, sich über Smog zu freuen, da Smog – trotz seiner verheerenden Wirkung – etwas ist, zu dem wir mittels unserer Sinne einen Zugang haben. Indem wir Smog schmecken, riechen, sehen, setzen wir uns in ein vitales Verhältnis zu ihm; selbst unsere Furcht vor Atemnot und Herzinfarkt bestätigt uns die Relevanz der Sinne für Welt-Begreifen. Smog sichert uns die Aufrechterhaltung der Illusion, daß wir uns zurecht auf unsere Wahrnehmung verlassen.

»CD ist das milde Schaumbad für Frauen, die besonderen Wert auf ihre Hautpflege legen. Denn CD Schaumbad enthält nur reine und hautfreundliche Wirkstoffe. Es ist so rein und mild, daß man hindurchsehen kann.«

Die eigentliche Gefahr geht von chemischen Umwandlungsprozessen, Giften und Strahlungen aus, für deren Bemerken uns kein Organ zur Verfügung steht. Die Meßinstrumente transformieren zwar ein »übersinnliches« Geschehen in sinnlich Faßbares. Aber zwischen dem Ausschlag eines Zeigers und der körperlichen Wahrnehmung einer Gefahr liegen Welten. Das Meßdatum wird erst über eine Interpretation verhaltenswirksam, die den Zeigerausschlag mit einer sinnlichen Anschauung einer Gefahr verknüpft; doch nur deren direkte, sinnliche Erfassung schafft den lebendigen Bezug zur Wirklichkeit, ohne den wir nicht leben können.

*

30.

Wir leben im Zeitalter der Bombe, einem Produkt gereifter menschlicher Erkenntnis- und Technikfähigkeit. Doch auch an der Bombe versagen unsere Sinne. Wenn es schon schwerfällt, seinen eigenen Tod nicht nur zu denken, sondern antizipatorisch zu »durchleben«, wie unmöglich ist dann erst die sinnliche Vorwegnahme eines Todes der gesamten Menschheit. Die möglichen Auswirkungen der Bombe können nur bedacht, nicht begriffen werden. Die Angst vor atomarer Vernichtung hat keine realistische Erfahrungs-Basis.

Unsere Gefühle verweigern sich Ereignissen ohne sinnliches Pendant. Da wir dennoch in ein vitales Verhältnis zu den lebensrelevanten Sachverhalten treten wollen, verfälschen und stutzen wir das Unvorstellbare soweit zurecht, bis daß uns ein plastisches Bild von ihm gelingt, mit dem wir wieder leben können. Wir tun so, als gäbe es in unserem Erfahrungsvorrat eine Entsprechung für die Ausrottung der Menschheit und zwingen so das Unvorstellbare in die Kontinuität unserer Sinneserfahrung. Ein unmöglicher Akt, der dennoch tröstet. Immerhin empfinden wir noch Angst, also uns selbst in einem vitalen Verhältnis zur Welt.

Ratschläge für Vorsichtige

● **Milch:** »Aus Molkereien ist sie wegen der strengen Kontrollen ungefährlich. Bedenklich ist der Kauf beim Bauern, wenn er Frischfutter gibt oder die Tiere weiden läßt.«

● **Gemüse:** »Nicht kaufen, wenn es in Freiland-Kultur gezogen wurde. Lieber ein paar Tage aus Konservendosen leben.«

● **Fleisch:** »Derzeit keine Bedenken, weil Einlagerung von radioaktiven Stoffen im Fleisch nur sehr gering ist.«

● **Sport im Freien:** »Unbedenklich, Radioaktivität der Luft nimmt weiter ab.«

● **Schwimmbad und Strand:** »Das Wasser ist ungefährlich. Besonders Vorsichtige sollten Liegewiesen und Strände vorerst meiden.«

● **Kinder:** »Sollten nicht im Sand oder Dreck spielen. Wenn, dann werden danach mit einer gründlichen Dusche die radioaktiven Stoffe weggespült.«

● **Hygiene:** »Schuhe draußen reinigen, im Vorraum abstellen, damit keine Strahlung ins Haus kommt. Ehe Sie Lebensmittel anfassen: Immer Hände waschen! Am besten morgens und abends duschen.«

● **Trinkwasser:** »Keine Gefahr. Es wird ständig kontrolliert.«

● **Gartenarbeit:** »Nicht mit bloßen Händen im Garten graben. Eigenes Gemüse weiterpflegen wie bisher, aber nicht essen!«

● **Hühnerhaltung:** »Essen Sie ruhige weiter die Eier Ihrer Hühner.«

● **Haustiere:** »Hunde und Katzen mit feuchtem Tuch abreiben, wenn sie draußen waren.«

(Bild, 6. Mai 1986)

31.
Im Augenblick des Fühlens vergewissern wir uns der eigenen Lebendigkeit. Ein Gewahrwerden meiner Vitalität läßt mich wissen, daß ich lebe. Es sichert mir die Kontinuität meines Ichs, macht mir klar, daß ich es bin, der denkt und handelt, der sich bewegen läßt. Die Mobilisierung des Körpers in der fortwährenden Reibung an der Außenwelt ist uns gewärtig als elementares Selbst-Bewußtsein, alles weitere baut darauf auf. Vitalitäts-Erfahrung ist die Vorbedingung für Interesse, Engagement, Involviertheit in eine Sache – und gleichermaßen auch in mich. Mit einer anhaltenden Dämpfung der Vitalität schwindet mein Bewußtsein, Jemand – Ich – zu sein. Vitalität erleben stellt ein grundlegendes Verlangen dar.

*

32.
Doch unsere gegenwärtige psychische und physische Verfassung ist durch ein erhebliches Maß an Vitalitäts-Entzug gekennzeichnet. Immer seltener bieten sich uns Begegnungen mit Wirklichkeit, die unsere Sinne voll beanspruchen. Wir erfahren die Umwelt kaum noch in Aktion. Die unmittelbare Auseinandersetzung mit der Realität wird zunehmend ersetzt durch eine Konsumie-

rung von Bildern über die Wirklichkeit. Weite Bereiche unserer Erfahrung und damit unserer Individualität formen sich nicht länger in der Reibung an einer widerständigen, alle unsere Sinne fordernden Außenwelt, sondern beim Betrachten von Bilder-Welten.

Vitalitäts-Erfahrung setzt eine Konfrontation und Integration von Eigenbewegung und Fremdbewegung voraus. Ich *setze* mich in ein Verhältnis zu den Dingen, auf die mein ganzer Körper antwortet und mir damit signalisiert, daß die Sache einen Lebensnerv von mir getroffen hat, mich angeht, der gegenüber ich also nicht gleichgültig bleiben darf, solange ich auf Erweiterung und Sicherung meiner Lebensmöglichkeiten aus bin. Jede Eigenbewegung jedoch stört den ungehinderten TV-Bilder-Konsum. Wir verharren möglichst bewegungslos vor der Flut der Bilder, damit uns nichts entgeht. Wir erfahren diese Welt, indem wir uns still stellen. Indem wir uns verschließen gegenüber uns selbst, halten wir uns offen für die Bilder. Auf diesem Wege verhindert der Bilder-Konsum schon auf elementarem Niveau eine Integration von Selbst- und Fremdbewegung zur Erfahrung eines vitalen Bezugs zur Welt. Unsere Gefühle folgen eher der Mechanik der Bilder als der Dynamik unserer Verhältnisse zur Wirklichkeit. Damit verlieren sie nicht nur an Intensität, sondern auch den direkten Bezug zum eigenen Tun.

»Herr Fellini, wie werden Sie das Fernsehen retten?«
»Das Fernsehen muß nicht gerettet werden. Uns muß man retten. Unser Hunger nach Bildern wird gestillt, ohne daß wir satt werden. Wir müssen uns zum Schweigen bringen, wir brauchen Ruhe.«

Der Intensitäts-Verlust kann nur mittels ständig gesteigerter Dosen an Nervenkitzel einigermaßen kompensiert werden. Jedes Ereignis muß zur Sensation verbildlicht werden. Doch Sensationen verlieren ihre Fähigkeit zur Gefühls-Anstachelung, wenn sie täglich erlebt werden. Sie brauchen das Außergewöhnliche, Seltene. Ihr alltäglicher Konsum frißt die Effekte auf.
Auch der schwindende Handlungsbezug von Gefühlen beim Anblick von TV-Bildern kann bis zu einem gewissen Grad kompensiert werden. Nehme ich die Bilderwirklichkeit für das Eigentliche und organisiere mein Verhalten im Alltag nach der Logik der Bilderwelt, dann gelingt mir mit diesem Kunstgriff wieder eine Integration von Gefühl und Tun – und damit eine Befriedigung meines Bedürfnisses nach Vitalitäts-Erfahrung. Aber die Wirklichkeit folgt doch anderen Regeln als die Bilder, und diese Differenz läßt sich auf Dauer nicht verleugnen. Irritationen sind die Folge; man weiß nicht mehr so recht, was Illusion ist und was

Wirklichkeit. Es stellen sich »Als-ob«-Erfahrungen ein – und damit Erfahrungen mangelnder Vitalität im Umgang mit sich und der Welt.

Komplexe Zusammenhänge zwischen Sachverhalten, deren Einbettung in übergreifende Kontexte, verweigern sich der gefälligen Verbildlichung. Also bildet sich in den Fernseh-Bildern auch nur Isoliertes, Einzelnes ab. Schon wegen der Schnelligkeit des Bilderwechsels werden wir kaum zur Reflexionsarbeit am Gesehenen animiert. Diese aber wäre notwenig, um das im Bild vorgeführte Ereignis mit Gewußtem und Erschlossenem, aber Unsichtbarem, anzureichern und so in ein wirklichkeitsnahes »Bild« zu verwandeln, das wir auf unsere eigene Lebenswelt beziehen könnten.

Mit der Unmöglichkeit, verbildlichte Ereignisse und von diesen ausgelöste Gefühle in einen konkreten Handlungs-Kontext eingebettet zu sehen, geht eine Art *Standardisierung* in unserer Gefühls-Semantik einher: Nur dasjenige Ereignis löst noch Gefühle des Mitleids, der Furcht, der Genugtuung aus, dessen Darstellung es von jedem Kontext reinigt. Deren Semantik besteht aus archaischen, geschichtslosen Auslösemustern, ohne aktuellen Bezug zur Lebenswirklichkeit und nicht übertragbar.

Fernsehen erzieht zur Sentimentalität: Zum gefahrlosen Genießen von Gefühlen um ihrer selbst willen und ohne Impuls zur Eigen-Bewegung.

»Der Vulkanausbruch in Kolumbien lieferte Bilder, die um die ganze Welt gingen und die mich tief berührten. Millionen von Zuschauern wurden Zeugen des langsamen und qualvollen Todes eines 13jährigen Mädchens ... und inmitten von Zerstörung und Leid bringt eine Frau ein gesundes Kind zur Welt. Die Retter nennen es ›Esperanza‹, die Hoffnung.«

(Helmut Haussmann, Generalsekretär der FDP)

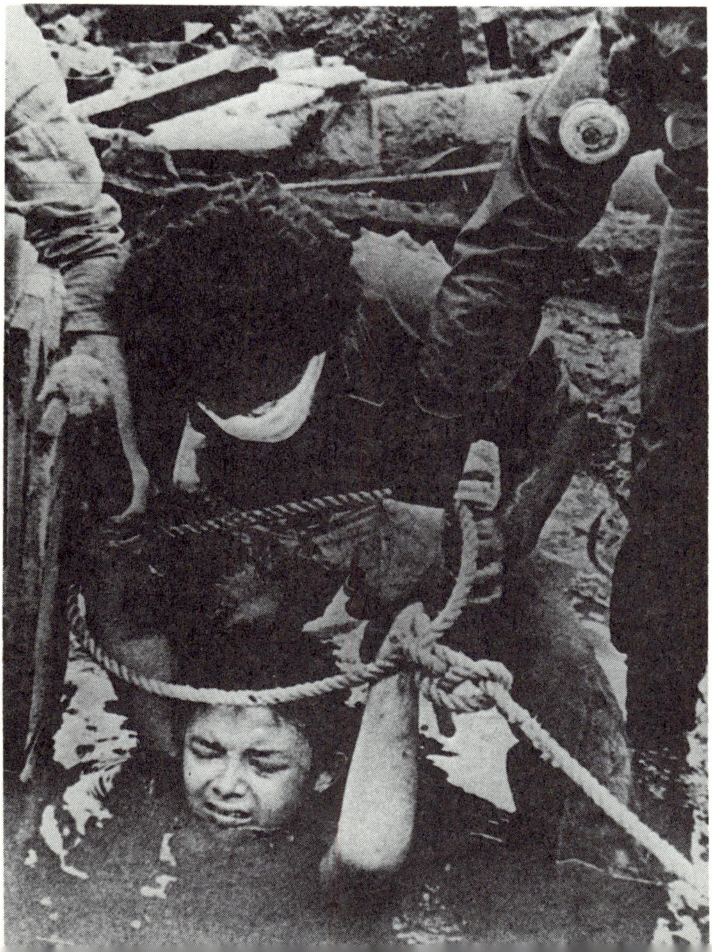

33.
Die bildliche Organisation der Welt im Fernsehen sowie die Entsinnlichung der heutigen Technik tragen gleichermaßen, wenn auch auf unterschiedliche Art, dazu bei, daß unsere Sinne und die auf Sinneserfahrungen beruhenden Gefühle nur noch eingeschränkt zum Begreifen von Wirklichkeit taugen:
Das Fernsehen, indem es unseren Sinnen seine Mechanik aufprägt und nur gelten läßt, was zum Bild werden kann; die modernen Technik-Produkte, indem ihr Sinn sich systematisch den Sinnen entzieht. Das Medium Fernsehen entfremdet uns von unseren Gefühlen, da es diese von jeder Eigenbewegung und Lebenspraxis ablöst. Die Technik mit ihren Produkten verhindert durch Sinnes-Entzug und -Verwirrung eine Ausbildung wirklichkeitsgerechter Gefühle. So halten uns die existierenden Gefühle uns selbst wie die Außenwelt vom Leibe.
In der Semantik der Gefühle spiegelt sich unser Verhältnis zu uns und der Wirklichkeit verläßlich wider. Unfähig, mit uns selbst und der Welt vitale und lebenssichernde Beziehungen einzugehen, betrachten wir das reale Geschehen aus gehöriger Distanz, als ob uns dies alles nicht weiter berührte. Die Durchrationalisierung der Realität, der Beziehungen der Menschen untereinander, zur Natur sowie zu sich selbst erfährt ihre Vollendung.

*

Kaufhaus in Rotterdam

34.
Aber Vitalität, Sensibilität, echtes Fühlen stehen doch auf der Tagesordnung! Legionen von Therapeuten und modernen Seelsorgern verhelfen uns zu authentischen und aufrührenden Selbsterfahrungen.
Wer kennt nicht die Glücklichen, die es geschafft haben, wieder ganz bei sich zu sein, voller Bereitschaft zur Echtheit, sprühend vor Lebendigkeit und steter Anteilnahme.
Doch merkwürdig genug: Ihre Lebendigkeit erscheint dem Nichteingeweihten seltsam vorsätzlich, als Vitalität aus zweiter Hand. Hinter der vorgeführten Lebendigkeit verbirgt sich oft eine Ahnung von eigener Bewegungsarmut und Leere, die es um jeden Preis zu überspielen gilt. In dem Maße, in dem Echtheitssucher mittels systematischer Selbsterfahrung nach dem Motto: »Wer bin ich denn eigentlich?« auch mit den verborgensten Winkeln ihrer Psyche vertraut werden, entziehen sie ihrer Vitalität und damit ihrem fundamentalen Selbst-Bewußtsein den Nährboden. Selbsterfahrungen im Zeichen der »Neuen Innerlichkeit« sind ein gefährliches Geschäft.
Wenn Norbert Elias die fortschreitende Tendenz zur Psychologisierung und Rationalisierung im Zuge des abendländischen Zivilisationsprozesses hervorhebt, begründet er diese mit der fortschreitenden gesellschaftlichen Verflochtenheit des Einzelnen. Sie zwinge

ihn geradezu, sich ein genaues Bild von sich und anderen zu machen, seine und die Stärken und Schwächen, Absichten, Gewohnheiten und Gefühle der Anderen nüchtern abzuwägen, wenn er mit Erfolg agieren wolle. Psychologisierung in diesem Sinne war nie darauf abgestellt, »den einzelnen Menschen für sich selbst allein zu betrachten, als ob er die wesentlichsten Züge seines Verhaltens unabhängig von seinen Beziehungen zu anderen mit sich trage und gleichsam erst nachträglich zu Anderen in Beziehung trete.«

Und Kennzeichen der Psychologisierung in den modernen Varianten ist gerade die programmatische Abtrennung des Einzelnen vom gesellschaftlichen Kontext und die Suche nach personalen Invarianten – nach dem, was bleibt, wenn wir uns ganz auf uns selbst beschränken. Am Ende stehen wir als doppelt Betrogene da: Zwar anerkennen wir noch die mannigfachen Folgen sozialer Einflüsse (Vater, Mutter, Gatte, etc.) auf Struktur und Dynamik unserer Psyche, aber diese Psyche offenbart sich erst dann in ihrer wahren Gestalt, nachdem wir sie von allem öffentlichen Beiwerk entschlackt haben. Wir reduzieren uns auf Ewig-Menschliches und damit auf ein Nichts.

Der Selbsterfahrungs-Geübte verfügt, wie er glauben darf, über ein nunmehr schärferes und stimmigeres Bild von sich, so daß er jetzt stärker als zuvor vor Überraschungen im Umgang mit sich geschützt ist. Aber: Was restlos geklärt ist, bewegt nichts mehr und Bilder verpflichten. Genau zu wissen, wer und wie man ist und sein möchte, macht starr. Indem ich mich für offen, vital und sensibel halte und mich im fortwährenden Hier-und-Jetzt anhalte, dies auch zu sein, bin ich es schon nicht mehr.

Bar jeder Reibung an Nicht-Gebanntem in mir sowie an einer Wirklichkeit, deren von mir unabhängige Bewandtnis nicht weiter interessiert und die auf bloße Anlässe für Selbstverwirklichung reduziert ist, findet mein Verlangen nach Lebendigkeit und Vitalität keine Nahrung.

Nicht zuletzt wegen dieser schmerzlichen Erfahrung, soweit sie überhaupt noch »zugelassen« werden darf, treibt seit einigen Jahren die Selbsterfahrungs-Bewegung das Geschäft der gefälligen Selbst-Auflösung konsequent voran. Ging es bei den schon klassisch zu nennenden Formen der Selbsterfahrung à la Rogers und Tausch früherer Jahre bei aller Verachtung von »Kopfarbeit« immerhin auch noch darum, die eigenen Gefühlsregungen, Gewohnheiten und verborgenen Wünsche genauer einzuschätzen, Steigerung der Erlebnisfähigkeit zu verknüpfen mit genauerer Selbst-Kenntnis – wie sehr auch das Selbst in diesem Prozeß demontiert wurde –, gilt jetzt bereits die reine Vitalität, das »Sich-Selbst-Spüren« als höchstes Ziel. Die Frage nach dem »Wer bin ich denn eigentlich?« wird abgelöst von der Frage: »Wie und wo spüre ich mich denn ganz intensiv?«. Laß Dich fallen, dann bist Du frei! Frei von jedem Bezug zur Wirklichkeit, reduziert auf »Leben-Spüren«, hier und jetzt.

»Es ist wie ein Bandwurm. Und du weißt es. Die Wiederholung eines Gefühls wird zur Besessenheit. Und die Besessenheit verwandelt das Gefühl. Wie die Wiederholung eines Wortes in den Litaneien ... Die Welt ... ist nicht mehr Welt, sondern Ort eines einzigen Gefühls. Dieses Gefühl wiederholt sich, und mit sich wiederholt es die Welt, bis es, sich häufend, sich selbst aufhebt. Von der Welt bleibt nur die mirakulöse Projektion«.

(PP Pasolini)

Kopflose Selbst-Erfahrung unter Eliminierung des Selbst, ein Bild von sich zu haben, verhindert nur Spontaneität und Unmittelbarkeit. Die therapeutisch betriebene Austreibung des Ich – als lebensorganisierendes Zentrum sowie schon dysfunktional geworden, da eine durchrationalisierte Gesellschaft keine Nebenzentren mehr duldet – wird noch freiwillig und unter dem Signum »Selbst-Befreiung« vollzogen. Man kreist nicht mehr um sich in einer amorphen Welt, sondern

um ein Vakuum. Tiefes Spüren ist alles, was man noch will – und vernichtet auf dem Weg dorthin all das, was einen wissen läßt, daß und woraufhin man lebt.
Die Effekte des TV-Bilder-Konsums finden so ihre Entsprechung in den modernen Varianten von Selbsterfahrung: Sie sind darauf aus, uns von jeder Einsicht in die gesellschaftliche Verflochtenheit unseres Denkens, Fühlens und Tuns abzuhalten. Aus dem Blick geraten die Verhältnisse. Stattdessen machen »Selbsterfahrungs«-Erfahrungen und TV-Bilder-Erfahrungen auf ihre je besondere Weise sentimental. Reibungsverluste werden unvermeidlich und es kommt zur fortschreitenden Devitalisierung unserer Beziehungen zu uns und zur Wirklichkeit.

*

35.
Dieser Prozeß läßt sich nicht einfach umkehren, indem wir uns dumm stellen und unsere Vernunft pauschal als untaugliches Lebens-Mittel disqualifizieren. Die fortschreitende Eingewobenheit aller Handlungen in immer dichtere Abhängigkeitsketten, die zunehmende Reichweite der Aktionen auch über die nahen und vertrauten Lebensbezirke hinaus, sowie der Zwang zur Arbeitsteilung forcierte nur die Ausbildung eines ganz

besonderen Denkens: Die Menschen lernten, sich selbst, die anderen und die äußere Natur unabhängig von momentanen Gefühlsregungen, Wünschen und Absichten aus der Distanz, gleichsam von objektiver Warte, zu beobachten und durchschauen.
Allmählich setzte sich dann der »instrumentelle« Gebrauch der Vernunft durch. Man lernte, alles als ›Mittel‹ zu deuten und einzusetzen, und erfaßte zunehmend hierarchische Verschachtelungen von Mitteln und Zwecken. Aber »letzte« Zwecke verschoben sich immer weiter in fernliegende Bereiche hinein, ja verschwanden aus dem Blickfeld.

»Sämtliche Argumente zugunsten des herrschenden Wirtschaftssystems beruhen auf dem Glauben an eine prästabilisierte Harmonie. Nach ihnen erzeugt die freie Konkurrenz von sich aus eine Ordnung, die durch Einsichten nicht beschworen werden kann, sichern Gewinnstreben, Initiative und Selbstverantwortung der Unternehmer von sich aus das Gedeihen der Massen besser als der auf dieses Gedeihen gerichtete Wille.«

(Siegfried Krakauer)

Das komplexe Gefüge der gesellschaftlichen Beziehungen wurde für den Einzelnen immer weniger durchschaubar. So entkoppelten sich allmählich die Denk- und Handlungsorientierungen des Einzelnen von übergreifenden Zusammenhängen. Gesellschaftliche Zwecksetzungen und individuelle Ziele divergierten. Könnte nicht an dieser Stelle das Gewissen zwischen Gesellschaft und Individuum vermitteln?

*

36.
Hoch komplexe und nach Zweckrationalitäts-Geboten durchstrukturierte Gesellschaften sind darauf angewiesen, daß der Einzelne seine Handlungen stärker aus innerem Antrieb reguliert, weniger aus Erwägungen über zu erwartende äußere Belohnungen und Sanktionen. Schlagen sich in seinem »Gewissen« gesellschaftliche Prinzipien, Normen und Zwecke als verinnerlichte Gebote und Verbote nieder, so wird der Einzelne sich »schämen«, wenn er gegen diese Regulativa handelt. Die Scham signalisiert auf vitale Weise, daß er mit seinem Verhalten in einen Konflikt mit zentralen Ich-definierenden Prinzipien geraten ist. Und er wird alles daran setzen, diese Ich-Bedrohung über »Wiedergutmachung« zu mindern oder es erst gar nicht so weit kommen zu lassen.

Doch die Verinnerlichung gesellschaftlicher Regulativa in das Gewissen des Einzelnen setzt voraus, daß dieser überhaupt in vitale Beziehungen zu diesen Regulativa treten kann. Entziehen sich nun aber weite Bereiche der gesellschaftlichen Wirklichkeit der sinnlichen und rationalen Erfahrbarkeit, dann ist der Einzelne auch außerstande, ein entsprechendes Gewissen zu entwickeln. Die Regulativa bleiben »abstrakt«, von der Wirklichkeit abgelöstes Wissen, das nicht begriffen wird. Damit verlieren sie ihre orientierende und anstachelnde Funktion für das Handeln.

Das Gewissen stellt kein wirksames Medium mehr dar, um die Individuen zu »vergesellschaften«. Der Einzelne privatisiert. Öffnet er seinen Handlungshorizont dennoch einmal den gesellschaftlichen Erfordernissen, so gelingt ihm dies nur »rational«, ohne Gefühl, ohne Engagement.

III.

37.

Das von den Entwicklungen der letzten Jahrtausende geprägte »rationale« Denken wird *egozentrischer*, indem der Einzelne es zunehmend in den Dienst seiner privaten Interessen stellt. Es wird *bewußter*, da der Handelnde häufiger gezwungen wird, über sein eigenes Denken zu reflektieren. Es *linearisiert* sich, indem es vornehmlich an einer sequentiellen Abarbeitung von Informationen orientiert ist. Es bewegt sich in *sinnenferne* Regionen hinein, für die der Einzelne nicht mehr unbedingt eine Entsprechung in seinem Erfahrungsvorrat vorfindet, die er sich lebendig ins Bewußtsein zurückrufen könnte. Es wird *emotionsloser* und unabhängiger von physiologischen Schwankungen. Zunehmend erstreckt sich dieses Denken auf die *zielgerichtete* Auseinandersetzung mit der Wirklichkeit; es ordnet sich dem allgemeinen Zweck der technischen Beherrschung der objektivierten Natur seiner selbst wie der äußeren Wirklichkeit unter.

Damit besteht jedoch keineswegs die Gewähr, daß man »rational« handelt. Wenn »letzte« Zwecke aus dem Blick geraten, steht es mehr oder weniger im Belieben des Einzelnen, welche individuellen Ziele er verfolgt und mit welchen Mitteln. »Zweckrationalität« verkommt zu einem formalen Regel-System, nach dem Handlungen innerhalb einer durchrationalisierten Gesellschaft reguliert werden müssen, die jedoch durchaus auf »irrationale«, unvernünftige Ziele ausgerichtet sein können.

»Ich erwähnte bereits, daß unsere Sicherheitsphilosophie das Eintreten jedes denkbaren Störfalls unterstellt und die Folgen beherrscht.«

»Für mich ist ein Abschalten unserer Anlagen unvorstellbar.«
(Hermann Krämer, Chef der Hannoveraner Preußen-Elektra AG)

Doch es gibt auch das »andere«, aus der gesellschaftlichen Sphäre weitgehend abgedrängte, emotionsgeleitete, *körpernahe,* auch als *intuitiv* bezeichnete Denken. Rational definieren wir Objekte möglichst präzise nach ihren objektiven Merkmalen, verknüpfen Einzel-Elemente mittels logischer Operationen, zerlegen komplexe Informationen in kleinere Einheiten und bearbeiten diese in sukzessiven Schritten, bis die Denkresultate einer rationalen Überprüfung standhalten.
Intuitiv dagegen stiften wir Beziehungen zwischen oftmals nur global erfaßten Elementen einer wahrgenommenen Situation, und es sind Gefühle, die Beziehungen stiften, keineswegs logische Regeln. Die »Kor-

rektheit« einer intuitiven Lösung wird daher auch als Gefühl subjektiver Gewißheit erfahren und nicht durch Räsonieren bestimmt.
Im körpernahen, intuitiven Denken gehen physiologische Veränderungen, mit diesen verknüpfte Kognitionen, momentane Gefühle und Informationen aus der Umwelt ein. Diese Informationen aus unterschiedlichsten Quellen werden gleichzeitig und vorbewußt verarbeitet und über ständige Rückkoppelungsprozesse zu einem globalen Bild der Gesamtsituation verdichtet. Einzelne Aspekte der wahrgenommenen Situation treten zurück zugunsten emotional erfaßter und erlebter Beziehungen zwischen Elementen. Unterschiedliche Gefühle, die von verschiedenen Einzelaspekten einer Situation ausgelöst werden, verschmelzen im intuitiven Prozeß zu einem »Global«-Gefühl. Wandelt sich das Globalgefühl, ändern sich auch die wahrgenommenen Beziehungen zwischen den Elementen und damit die Auffassung der Gesamtsituation.

*

38.

Intuitives Denken zielt auf eine Umstrukturierung der Gesamtsituation bis zur *Stimmigkeit.* Mangelnde Stimmigkeit erzeugt eine emotionale Spannung, auf deren Lösung der intuitive Prozeß gerichtet ist.

Hohe emotionale und kognitive Stimmigkeit hat den Vorteil, daß wir genau wissen, wie die Lage ist und was zu tun bleibt. Unsere Handlungsorientierung stabilisiert und vereinheitlicht sich: Die Impulse unseres Körpers, unsere Gefühle, unser verlebendigtes Wissen richten uns auf dieselbe Sache aus und offerieren gleichsinnige Lösungen.

Diese zentrale Funktion der Intuition geht einher mit einer enormen Kapazitäts-Erweiterung unseres Denkens. Im rationalen Denken schreiten wir sukzessiv von einer Information zur anderen, und schon wegen der beschränkten Kapazität unseres Kurzzeitgedächtnisses verfügen wir zu jedem Zeitpunkt nur über eine geringe Anzahl von Informationen, die gleichzeitig bedacht werden können. Anders dagegen beim körpernahen, intuitiven Denken. In dieser Vernunft-Modalität wird jede hinzukommende Information unmittelbar in das aktuelle »Bild« von der Gesamtsituation integriert und beansprucht somit keinen Platz im Gedächtnis.

*

39.
Körpernahes und körperfernes, intuitives und rationales Denken ergänzen sich. Nur der systematische und angemessene Gebrauch beider Vernunft-Modalitäten in der Regulation unseres Tuns sichert letztlich dessen Erfolg.
Mittels unseres Vermögens zur Intuition setzen wir uns in ein vitales Verhältnis zur Welt, das unsere ganze Person einschließt und uns die Dinge einverleiben, begreifen läßt. Unsere Gefühle, die den intuitiven Prozeß steuern, liefern Momentaufnahmen unserer momentanen *Gesamtverfassung*. In der Intuition beziehen wir uns daher stets – mittel- oder unmittelbar – gleichzeitig auf alle Aspekte unserer Person, die wir in Beziehung zu wahrgenommenen, gleichfalls zu Gesamtkonstellationen verdichteten Umweltausschnitten setzen.
Intuitive Strategien eignen sich daher insbesondere für den Aufbau klarer und eindeutiger Denk- und Handlungsorientierungen in Situationen, die entweder ein zu hohes oder zu geringes Maß an Informationen aufweisen. In komplexen, nur unscharf umrissenen und dynamischen Problemfeldern ist eine durchgängig rationale Handlungsorganisation in der Regel gar nicht möglich, sei es wegen der beschränkten Verarbeitungskapazität, oder wegen der Fülle nicht eindeutig bestimmbarer Informationen, die rationale Zielsetzun-

gen, Mittelfestlegungen und Folgen-Abwägungen gar nicht erst zulassen. Gleiches trifft auf Situationen mit zu geringer Informationsdichte zu.
In beiden Fällen verhilft die Intuition zu einer eindeutigen, wenn auch nicht immer zweckmäßigen Handlungsorientierung. Im ersten Fall wird nach dem Gebot der Stimmigkeit die Vielfalt und Übersichtlichkeit der äußeren Situation aus der Sicht des »Intuisten« verringert, im zweiten Fall greift der »Intuist« auf Erfahrungswissen zurück, das er mit den wenigen externen Informationen zu einem hinreichend ausgefüllten »stimmigen« Bild der Gesamtsituation verbindet, so daß er jetzt weiß, wie die Lage ist und was er tun kann.
In der Intuition geht somit jede Objektivität verloren. Die Welt erscheint dem »Intuisten« ganz aus der Perspektive seiner momentanen physischen und psychischen Gesamtverfassung. Innen- und Außen-Informationen, Anforderungen und Chancen verschmelzen bei ihm zu einer unauflöslichen, erlebten Einheit.
Die Gefahr von Irrtümern ist dabei umso größer, je weniger er über umfassendes Wissen über die tatsächlichen Verhältnisse verfügt und je blasser sich in seinen Vital-Erfahrungen und Gefühlen die realen Verhältnisse, unter denen er sein Leben fristet, widerspiegeln. »Korrekte« Intuitionen setzen eine wirklichkeitsgerechte Gefühls-Semantik voraus.

*

40.
Die Durchrationalisierung zwischenmenschlicher Beziehungen hat eine Aufspaltung von Zuständigkeitsbereichen der Intuition und Rationalität zur Folge. »Intuitiv« dürfen wir denken und handeln im Privaten, »rational« handeln sollen wir im öffentlichen Raum. Von uns absehen sollen wir hier, uns mit unserer ganzen Person ins Spiel bringen dürfen wir dort.
Wenn aber auch noch die intimsten Bezirke unserer Person nach den Geboten der Rationalisierung modelliert sind, werden wir auch im Privaten kaum zu intuitiver Regulation unseres Denkens und Handelns in der Lage sein. Die Fähigkeit zur Intuition ist wesentlich an die Existenz einer kohärenten »Gesamtpersönlichkeit« gebunden. Die herrschenden Verhältnisse jedoch fordern, daß wir unsere Regungen, Fähigkeiten und Gewohnheiten als bloße Mittel für die Realisierung von Handlungen einsetzen, deren Zweck- und Zielsetzungen sich der Logik der äußeren und gerade nicht unserer Binnen-Verhältnisse unterwerfen. »Persönlichkeit« als eigenständiges Steuerzentrum wird damit anachronistisch. Wir entfremden uns von uns selbst und geraten immer seltener in vitale, unseren ganzen Körper und unsere ganze Persönlichkeit ergreifende und umschließende Beziehungen zu uns und der Welt.

*

41.
Wer seine augenblicklichen Gefühlsregungen ständig bewältigen soll, bildet auf längere Sicht auch eine entsprechende »Gefühlskultur« aus. Seine Gefühle hängen nicht mehr so sehr von momentanen Veränderungen der sinnlich vermittelten Umwelt ab, sondern binden sich an ferne Ziele, die weite Bereiche seiner Bestrebungen über einen langen Zeitraum hinweg orientieren und stabilisieren.
Und so wie man zum Spezialisten für spezifische Teilaufgaben innerhalb der durchrationalisierten Beziehungen wird, entwickelt sich der Einzelne zu einem Gefühls-Spezialisten: Bestimmte Gefühle verfestigen sich und bleiben dominierend. Es sind vor allem Gefühle, die mit »fernen« Zielen zusammenhängen. Die Gegenwart wird als »Durchgangs-Situation« für künftige Zielsituationen begriffen, die man anstrebt oder befürchtet. Indem man aber künftige Situationen bereits heute durchlebt, Gefühle eines späteren Triumphes schon jetzt auskostet oder sich schon jetzt vor einer fernen Zukunft ängstigt, bindet man weite Bereiche seiner Person an ferne Zustände. Je spezialisierter diese emotionale Fixierung ist, desto eingeschränkter wird der Spielraum der Gefühle.
Je stärker Selbstbewußtsein und Selbstwertgefühl von künftigen Ereignissen abhängen, desto eher unterwirft man seine momentanen Gefühlsregungen den domi-

nanten, an ferne Zustände gekoppelten Gefühlen, deutet sie vor derem Hintergrund und errichtet eine stabile, doch arme Gefühlskultur. Erfahren im Umgang mit wenigen dominanten Gefühlen erfährt man kaum noch andere an sich selbst.

Nun ist aber der Erfolg intuitiver Strategien in starkem Maße von der Flexibilität unserer Gefühle bestimmt. Gefühls-Wechsel gehen einher mit einem Wechsel des Blickwinkels, aus dem ein Sachverhalt gedeutet wird. Hier muß der Gefühls-Spezialist versagen. Seine Intuitionen stützen sich auf wenige vorherrschende Gefühle, so daß er letztlich zum Ignoranten wird. Er begreift alles nur aus seiner beschränkten, fixierten Sicht und kann sich auch gar nichts anderes mehr erlauben. Allzusehr hat er seine Selbstgeltung und sein Selbstwertgefühl an die Verwirklichung weniger ferner Ziele geknüpft.

Bedingungen, die ein hohes Maß an Vitalitäts-Entzug produzieren, die fortwährend Gefühlskontrolle verlangen, die uns, ob wir wollen oder nicht, zu Spezialisten werden lassen und die uns ständig unter äußeren Handlungsdruck setzen, lassen die Intuition verkümmern.

*

42.
Aber auf Vitalität sind wir angewiesen. Soweit und wo immer es heutzutage möglich ist, suchen wir zur Welt, die uns umgibt, lebendige Beziehungen aufzunehmen

---

Wer suchet, der findet …
Was? z.B. Urlaub, Konzert- Theater- Kino- Kneipenbesuche, Diskutieren, Spielen, Töpfern, Tiefseetauchen, Kegeln, Stricken, Malen, Klönen, Surfen, Bakken, Kochen, Musik, Minigolf, Gedichte, Lesen, Basteln, Tanzen, Radtouren, Schwimmen, Einkaufen, Wandern, Probleme lösen, u.v.m.
Wo? In der Kulturkiste, Malteserstr. 28

---

und uns in ihr zu engagieren. Devitalisierten sich unsere Lebensbezüge, verlören wir jede Orientierung. Die Impulse unserer Syntax schwächten sich soweit ab, daß aus ihnen keine Gefühle mehr erwüchsen, die unseren Körper und unser Denken auf eine Sache ausrichteten. Gleichgültig und unbeteiligt bedächten wir alles Mögliche, unfähig zur Strukturierung von Gedanken – und zu jeder zielgerichteten, stabilen und energischen Regulierung unseres Tuns.
Wir sind aber aufgrund unserer biologischen Ausstattung auf Handeln angelegt. Und unsere genetisch

fixierten Mechanismen tragen dafür Sorge, daß wir zur orientierenden Auseinandersetzung auch in einer Umwelt fähig bleiben, die sich unserem rationalen Zugriff entzieht, die undurchschaubar bleibt und in der wir vergeblich nach Markierungen suchen, nach denen wir uns richten können. Dort, wo unsere rationalisierte Vernunft nicht zur Orientierung taugt, unterwirft sich das Denken der Logik unserer Gefühle. Also entwerfen wir ein Bild von der Wirklichkeit, welches uns auch weiterhin das notwendige Maß an Übersicht garantiert – auch wenn dieses Bild nur wenig mit den faktischen Verhältnissen gemein hat.

»Die Sorge um unseren verplanten, verseuchten und geplünderten Planeten wurde an Gremien, Umweltschutz- und Meßinstitute … delegiert, die durch Katalogisierung und statistische Erfassung die Kontrollierbarkeit und Beeinflußbarkeit der ökologischen Katastrophe vorspiegeln …
Nachdem die Industrie-Wissenschaftler und Unternehmer … die Natur zerstört haben …, verlegen sie sich auf die wissenschaftlich exakte Registratur der Katastrophen, in Siegerpose.«

(H.-J. Heinrichs)

43.
Auf unsere Gefühle ist kein Verlaß. Sie richten unser Denken auf das Irrelevante und stacheln zu zweifelhaften Handlungen an. Unter den gegenwärtigen Bedingungen primär auf die Sicherung unserer Binnenverhältnisse gerichtet, trüben sie unseren Blick nach draußen.
Wer sich auf seine Gefühle beruft, täuscht sich selbst. Mehr denn je sind wir daher auf den geschärften Gebrauch der Vernunft angewiesen – einer Vernunft, die sich von den »natürlich« gewordenen Denkweisen löst und den gewandelten Verhältnissen öffnet. Ist es vernünftig, das komplexe, dichte und globusumspannende Interdependenznetz, in dem wir leben, als offenes, dynamisches Gesamtsystem aufzufassen, dann sind wir gefordert, auch unsere Handlungen in dieses *Gesamtsystem* eingebettet und verwoben zu begreifen und nach Prinzipien systemischen Denkens zu regulieren.
Denken wir systemisch, suchen wir die möglichen Ursachen eines Geschehens zunächst nicht in isolierten Tatbeständen, sondern in Ereignis-Konstellationen, in Gesamtmustern, die wir erkennen müssen, wollen wir die Struktur und Dynamik komplexer Wechselwirkungen zwischen Ereignissen verstehen. Wir rechnen damit, daß unsere Handlungen zu irreversiblen Folgen führen, die eine qualitative Umstrukturierung des

gesamten Handlungsfeldes bewirken. Anstatt uns ganz auf die Realisierung einzelner, isolierter Ziele zu konzentrieren, richten wir unser nach systemischen Denk-Regeln organisiertes Tun stärker auf eine *Ausbalancierung* zwischen mehreren Zielzuständen.

Wir setzen uns zum allgemeinen Ziel, den Gesamtzusammenhang, in dem alle unsere Bestrebungen stehen, nicht durch einseitige und einschneidende Einzelmaßnahmen zu gefährden.

Das Ganze liegt jenseits des Zuständigkeitsbereiches zweckrationalen Denkens. Wohl aber taugt dieses dazu, unsere Einzelhandlungen für Ziele zu optimieren, deren Festlegung jedoch auf einer *Konzeption von Welt als System beruht.* Zweckrationale Handlungsregulation wird zu *einem Mittel* für die Wiedergewinnung und Sicherung unserer Lebensfähigkeit in einer Welt, deren Struktur und Dynamik wir nur erkennen können, wenn wir systemisch denken und handeln.

*

44.
Aber es wird noch mehr von uns verlangt als eine Anpassung unserer Ratio an die gewandelten äußeren Verhältnisse. Jede einseitige Ausrichtung ist letztlich zum Scheitern verurteilt.
In der Intuition vermitteln wir beständig zwischen inneren Ansprüchen und Anstößen sowie solchen der wahrgenommenen äußeren Welt. Über das Medium der Intuition müßten sich daher vitale Beziehungen zur Wirklichkeit aufbauen lassen, die beiden Sphären – Person und Außenwelt – hinreichend Rechnung tragen.
Solange aber in der Semantik unserer Gefühle das »neue« Systemverständnis von Wirklichkeit nicht aufgehoben ist, werden wir auch intuitiv in dauernde Widersprüche zwischen Innen und Außen, zwischen Gefühl und Verstand verwickelt bleiben. Im Ernstfall rangiert immer noch die Sicherung unserer augenblicklichen Handlungsfähigkeit und Vitalität vor jedem Bemühen um weit- und umsichtige, rationale Steuerung unseres Verhaltens.
Allein sich auf seine Intuition verlassen reicht nicht aus. Wir tun dies ohnehin, wenn auch allzuoft an falschen Orten und mit irreführenden Schlüssen.
Unwillkürlich organisieren wir unsere Wahrnehmungen zu einem stimmigen »Gesamtmuster«, einem strukturierten Bild von der Situation und begreifen

Veränderungen auch einzelner Aspekte als Umstrukturierung des Gesamtfeldes. Diese in uns angelegten Funktionen zum Erkennen komplexer Strukturen und deren Dynamik könnten in stärkerem Maße für eine erfolgsversprechende Regulation unseres Tuns nutzbar gemacht werden.

»Korrekte« Intuitionen setzen realistisches Welt- und Selbstwissen sowie Gefühle voraus, in denen sich dieses Wissen widerspiegelt. Und nur in dem Maße, in dem solches Wissen verinnerlicht, über das Medium der Gefühle in Struktur und Dynamik der Person eingebunden wird, greifen wir im intuitiven Prozeß darauf zurück.

Ehe wir unseren Intuitionen trauen dürfen, bedarf es somit einer besonderen Anstrengung unserer Ratio. Diese ist an zwei Fronten gefordert: Wir sind gehalten, in stärkerem Maße als gewohnt die Wirklichkeit als systemhaftes Geschehen zu erkennen und gleichzeitig dieses »System«-Wissen in eine entsprechende Gefühls-Semantik zu überführen. Es kommt jetzt darauf an, daß wir uns in nüchterner Abwägung Erfahrungen aussetzen, an denen sich Gefühle entwickeln können, in denen unser Systemverständnis seinen angemessenen Niederschlag findet und gleichzeitig die Syntax zu ihren angestammten Rechten gelangt.

Könnten wir eine derartige Gefühlskultur etablieren, stünde mit der Intuition eine Fähigkeit bereit, die uns –

dank ihrer Systemcharakteristik – in hervorragender Weise zu einem raschen Begreifen von Systemzusammenhängen verhülfe, ohne daß wir uns selbst dabei vergäßen. Unsere vitalen Interessen artikulierten sich in Gefühlen, auf die wir uns wieder verlassen könnten.

*

45.

Welcher Art von Erfahrungen aber könnten uns zur Etablierung von wirklichkeitsgerechten Gefühlen verhelfen?

Wenn die Reichweite unserer Sinne die Grenzen markierten, innerhalb deren Gefühle überhaupt entstehen können, dann sind wir gefordert, auch „systemrelevante“, aber sinnenferne Geschehnisse in die Kontinuität unserer Sinneserfahrung zurückzuholen. Gefühle bilden sich in sinnlichen Erfahrungen, in die wir mit unserer ganzen Person involviert sind. Ohne Anschauung kein Gefühl. In solchen Fällen mag manches Mal der »Brückenbau« weiterhelfen.

Die gegenwärtige amerikanische Regierung beherrscht diese Strategie meisterhaft. So gelang es ihr innerhalb kurzer Zeit, in weiten Teilen der Bevölkerung einen tiefen Haß auf Khadhafi zu erzeugen, so daß diese den militärischen Überfall auf Libyen im April 1986 mit großer Genugtuung und Befriedigung zur Kenntnis

nahmen und ihren Präsidenten wie ihre Piloten als Helden feierten. Welche Mittel wurden eingesetzt, um den notwendigen Haß auf Khadhafi zu schüren, den doch keiner kennt und der in einem fernen Land lebt, von dem man kaum etwas Genaues weiß?
Zunächst mußte Khadhafi zu einem Objekt umgeformt werden, dem gegenüber Haß zu empfinden nicht mit dem Humanitäts-Ethos der Amerikaner konfligiert. Man führte ihn systematisch als »tollwütigen Hund« ein. Mit diesem Schritt konnten etwaige Vorbehalte gegenüber dem sonst eher stigmatisierten Gefühl des Hasses ausgeräumt werden.
Damit dieser Haß sich hinreichend entfalten konnte, bedurfte es noch weiterer Maßnahmen, von denen hier nur solche zur Sprache kommen, an denen die Strategie des Brückenbaus exemplifiziert werden kann. Um Khadhafi hassen zu können, mußten die amerikanischen Bürger ihn als vitale Bedrohung erleben. Die Fakten allein – bislang wurden 23 Amerikaner Opfer eines Terroranschlages – hätten dazu nicht gereicht. Also war es notwendig, Khadhafi als Bedrohung zentraler Momente des Selbstwertgefühls zu etablieren. Dies gelang unter Rekurs auf Wertvorstellungen wie »Patriotismus«, »männliche Ehre« und »Antikommunismus«, deren vitale Einbindung in das Selbstwertgefühl amerikanischer Bürger vorausgesetzt werden durfte. Mit diesem Schritt war vieles, aber nicht alles

erreicht. Zu den »Haß«-Bedingungen gehört hinzu, daß man sich hilflos und alleingelassen gegenüber der Bedrohung wähnt. Hier setzte die Klage über fehlende Solidarität der Europäer im Kampf gegen das Böse an. Damit waren die wesentlichen Komponenten der Semantik des Gefühls »Haß auf Khadhafi« eingeführt – mittels einer Strategie des Brückenschlagens von Libyen bis in die alltägliche Lebenswelt des amerikanischen Bürgers.

»Es wird ausdrücklich darauf hingewiesen, daß den Wetterämtern übermittelte Werte der gemessenen Radioaktivitäten den Geheimhaltungsgrad VS/NFD haben und ausschließlich als Unterlagen für die von den jeweiligen Landesregierungen zu gebenden Beratungen dienen. Eine Weitergabe an die Öffentlichkeit ist untersagt.«
(Anweisung an das Wetteramt in München von der Zentrale in Offenbach)

Die öffentliche Inszenierung eines Gefühls ist heute nur mit den Mitteln der Massenmedien durchführbar. Deren Mechanik ermöglicht eine Disponibilität unserer Gefühle, die in früheren Zeiten undenkbar gewesen wäre – und diese wiederum ist Bedingung für eine Gefühlsbeschleunigung, die uns erst in die Lage versetzt, rasch und mit Gefühl auf die rasant sich wandelnden Verhältnisse, Einschätzungen und Strategien zu antworten. Hohe Disponibilität setzt voraus, daß die Semantik eines Gefühls in hohem Maße austauschbar ist. Gefühle dürfen nicht zu tief ansetzen. Je weniger sie in der Dynamik der Person verankert sind, desto beweglicher bleiben sie. Ihr »Kern« – um den sich die jeweilige »Oberflächen«-Semantik gruppiert – muß daher möglichst archaische, kontextfreie Gehalte umfassen, die in Abhängigkeit vom konkreten Verwendungszusammenhang in immer neue Kontexte eingebettet werden können. Der militärische Schlag gegen Libyen ist vorerst beendet – vielleicht sollen wir schon morgen einen ähnlichen Haß auf die Sandinisten entwickeln.

Es gilt heute mehr denn je, sein eigenes Gefühlsleben beweglich zu halten, damit man nicht hoffnungslos den beschleunigten Verhältnissen hinterherläuft. Dies verlangt nichts weniger, als unsere Gefühle von jeder »Oberflächensemantik« zu lösen, mit seinen eigenen Gefühlen zu spielen und gleichzeitig an ihrem Kern festzuhalten, ihre jeweilige Semantik auf Stichhaltigkeit zu überprüfen und sich erst dann für die Beibehaltung oder Verwerfung des Gefühls zu entscheiden. Wir sind gefordert, eine aufgeklärte Haltung gegenüber unseren Gefühlen einzunehmen.

Eine weitere Strategie für den Erwerb einer wirklichkeitsgerechten Gefühlssemantik könnte sich eine Besonderheit intuitiver Prozesse zunutze machen. Intuitiv begreifen wir die Ähnlichkeit von Situationen über *emotionale Analogie.* Was vergleichbare Gefühle hervorruft, gilt uns intuitiv als ähnlich und regt zu vergleichbaren Handlungen an. Es käme also darauf an, zunächst solche sinnennahen Situationen aufzusuchen oder herzustellen, von denen nach rationaler Analyse anzunehmen ist, daß sie »Miniaturen« relevanter, aber dem Zugriff unserer Sinne entzogener, Weltausschnitte darstellen. In dem Maße, in dem sich in der Struktur und Dynamik solcher Miniatur-Situationen komplexe Systemzusammenhänge, wenn auch verkürzt, wiederholen, müßte es gelingen, an ihnen Vitalerfahrungen und darauf aufbauende Gefühle zu entwickeln, die mittels emotionaler Analogie auf sinnenfernes Geschehen übertragen werden könnten. Dies ist auch das Prinzip von Szenarien, Simulationen, Planspielen usw...

Manche Bemühungen in der Umwelterziehung belegen die Effizienz solcher Strategien für den Erwerb von Systemverständnis und flankierenden Gefühlen.

Oftmals aber reichen schon nüchterne Analysen von Gefühlen, die uns widerfahren, aus, um inadäquate Gefühle zu erkennen. Man denke etwa an die Wellen der Empörung und Entrüstung, von denen immer wieder zahlreiche Bürger, insbesondere aus Kreisen der

Friedens- und Ökologiebewegung, erfaßt werden. Der Empörte weiß die Moral auf seiner Seite und sich zugleich frei von jeder Mitverantwortung für das empörende Geschehen. Indem seine gerechte Empörung ihn vor jeder etwaigen Einsicht in die eigene Verflochtenheit mit den gesellschaftlichen Verhältnissen abschirmt, die solche Ereignisse zulassen oder gar provozieren, immunisiert er sich gegen Selbstkritik und damit gegen jede Bedrohung seines Selbstverständnisses und Selbstwertgefühls. Andernfalls könnte es geschehen, daß die Empörung etwa in ein Gefühl der Mitschuld überginge, die womöglich eine Preisgabe liebgewordener Gewohnheiten und Ansichten über sich selbst und die Verhältnisse erzwänge.

Gefühle zielen nun einmal nicht auf »objektive« Erkenntnisse, sondern vorrangig auf eine Aufrechterhaltung unserer augenblicklichen Funktionsfähigkeit. Diesen Mechanismus durch Reflexionsarbeit zu durchbrechen, hieße, einen wichtigen Schritt zum Aufbau einer wirklichkeitsgerechten Gefühlssemantik zu vollziehen.

Aber entscheidender noch wäre ein weiterer Schritt, der jedoch unwahrscheinlich bleibt, da er zentrale Organisationsprinzipien unserer Person in Frage stellt.

»Systemgerechte« Handlungsorientierungen setzen systemgerechtes Wissen sowie darauf aufbauende Maximen, Werte, Prinzipien voraus, die soweit verin-

Kohl: Wir bieten unser Wissen für Atomsicherheit weltweit an.

nerlicht sind, daß wir sie auch intuitiv in die Regulation unseres Tuns einbeziehen können – Werte und Prinzipien jedoch, die gleichzeitig einen *veränderten Umgang* mit ihnen abverlangen.
Erfolgreiche Systemsteuerung erfordert eine gleichzeitige Beachtung vieler Systemparameter und ihrer Beziehungen zueinander. Jede isolierte Maximierung einzelner Soll-Größen zieht in der Regel eine Labilisierung oder Zerstörung des Gesamtsystems nach sich. Auf unsere Lebensverhältnisse übertragen, zwingt diese Charakteristik zu Handlungsorientierungen, die wir mit unserem antrainierten Selbstverständnis nur schwerlich vereinbaren könnten.
Mit Werten zu »spielen«, sie für änderbar und Bedingungs-gebunden zu halten, ist verpönt und wird mit dem Vorwurf des Opportunismus oder als anarchistisch, atheistisch, nihilistisch geahndet. So hält der Papst auch angesichts der Bevölkerungsexplosion in weiten Teilen der Erde unbeirrt an seinem Glauben fest, daß jede künstliche Schwangerschaftsverhütung oder gar – Unterbrechung eine Sünde sei. Undenkbar, daß er stattdessen eine Moral verkündete, die auf die jeweiligen Lebensverhältnisse abgestimmt und damit in ihrem Universalitäts-Anspruch beschnitten wäre – in Abhängigkeit ihres Stellenwertes für die Sicherung der Überlebensfähigkeit der Menschheit. Aus der Sicht einer Moral, die auf unserer *Verantwortung gegenüber*

der Wahrung des Lebens auf unserem Planeten und damit auf einem Verständnis von Welt als System beruhte, gerieten die Propagandisten und Profiteure auch einer »friedlichen« oder gar »freiheitssichernden« Nutzung der Atomenergie zu einem weltweiten Verbrecher-Syndikat, dem gegenüber die kriminelle Energie einer Mafia verblaßte.

Aber täuschen wir uns nicht: In dem Maße, mit dem auch wir unser Selbstverständnis und Selbstwertgefühl an instrumentelle Ziel- und Wertstrukturen binden und unsere Gefühle nach den Geboten der Zweckrationalität modellieren, werden wir zu Mitschuldigen an der fortschreitenden Zerstörung der Lebensfähigkeit der Welt.

Eine neue Gefühlssemantik ist gefragt, die die neuen Verhältnisse in lebendige Anschauung überführt, die mit der überkommenen Semantik nur spielt und ihr nicht glaubt; die uns in ein vitales Verhältnis zur Wirklichkeit setzt, damit wir nicht nur um sie wissen, sondern sie begreifen; die lebensrelevante Ereignisse mit den Urprogrammen verbindet und so an die grundlegenden Bedingungen unserer physischen und psychischen Existenz knüpft. Eine Semantik, die jene den herrschenden Verhältnissen innewohnende Dynamik in eine innere gerichtete Energie überführt, die von unserer ganzen Person aufgenommen und verwandelt werden kann – und damit unserer Weltkenntnis eine realistische Grundlage sichert.

Literaturhinweise

Seite 11: *R. Barthes,* Die helle Kammer. Bemerkungen zur Photographie, Frankfurt: Suhrkamp 1985

Seite 18: Die Interdependenz von »Gesellschaft« und »Gefühl« wird beispielhaft behandelt von *A. Heller,* Theorie der Gefühle, Hamburg: VSA-Verlag 1980 oder *W. Lepenies,* Melancholie und Gesellschaft, Frankfurt: Suhrkamp 1969

Seite 20: In TAZ vom 12. 5. 1986

Seite 23: In Spiegel, 20, 1986

Seite 25 ff.: Die hier entwickelte Auffassung von Gefühlen als »read-out«-Mechanismen geht zurück auf *R. Buck,* Prime theory: An integrated view of motivation and emotion. Psychological Review, 3, S. 389–413, 1985

Seite 25: In: Ästhetik und Kommunikation, 53/54, S. 201, 1983

Seite 26 ff.: Die Argumentation zur Phylogenese der Emotionen stützt sich im wesentlichen auf *D. Bischof-Köhler,* Zur Phylogenese menschlicher Motivation. In: L. Eckensberger & E.-D. Lantermann (Hg), Emotion und Reflexivität, München: Urban & Schwarzenberg, S. 3–47, 1985 sowie auf *D.E. Zimmer,* Die Vernunft der Gefühle, München: Piper 1981

Seite 30: In Spiegel, 21, 1986

Seite 35 ff.: Die Erweiterung des menschlichen Handlungsspielraumes durch Gefühle wird beispielhaft von *K. Scherer,* Wider die Vernachlässigung der Emotion in der Psychologie. In: W. Michaelis (Hg), Bericht über den 32. Kongreß der Deutschen Gesellschaft für Psychologie Göttingen: Hogrefe, Bd. 1, S. 304–314, 1981, herausgearbeitet.

Seite 36 ff.: Das Verhältnis zwischen »Kognition« und »Emotion« ist Gegenstand langer Debatten in der Psychologie. Einen allgemeinen Überblick darüber vermitteln *G.L. Huber & H. Mandl (Hg),* Kognition und Emotion, München: Urban & Schwarzenberg 1983. Die vom Autor vertretene Auffassung von Emotion als »Widerfahrnis« stützt sich u. a. auf *J.-P. Sartre,* Skizze einer Theorie der Emotion. In: J.-P. Sartre, Die Transzendenz des Ego, Reinbek: Rowohlt, S. 255–321, 1982; *J. Brandtstädter,* Emotion, Kognition, Handlung: Konzeptuelle Beziehungen. In: Eckensberger & Lantermann, a.a.O., S. 252–264; *R.B. Zajonc,* Feeling and thinking. Preferences need no inferences, American Psychologist, 2, S. 151–175, 1980. Einflüsse von Emotionen auf problemlösendes Denken untersuchten ausführlich *D. Dörner, H.W. Kreuzig, F. Reither & T. Stäudel (Hg),* Lohhausen: Vom Umgang mit Unbestimmtheit und Komplexität, Bern: Huber 1983

Seite 41 ff.: Die Darstellung der gesellschaftlichen Entwicklung folgt im wesentlichen *N. Elias,* Über den Prozeß der Zivilisation, Bd. 2, Frankfurt: Suhrkamp 1976

Seite 45: In *J. Kritz,* Grundkonzepte der Psychotherapie, München: Urban & Schwarzenberg, S. 184, 1985

Seite 51 f.: *N. Elias,* a.a.O., Seite 316 f.

Seite 60: *G. Anders,* Die Antiquiertheit des Menschen, Bd. 2, München: Beck, S. 389, 1980

Seite 61: In Spiegel, 22, 1986

Seite 66: *G. Anders,* a.a.O., S. 36

Seite 75: In Stern, 12. 4. 1986

Seite 78 ff.: Eine Lektüre des »Kursbuches«, Heft 82, 1985 (»Die Therapiegesellschaft«) vermittelt auch dem Nichteingeweihten einen umfassenden Überblick über die aktuelle Psychoszene.

Seite 79: *N. Elias,* a.a.O., S. 375

Seite 82 ff.: Bei der Darstellung der instrumentellen Vernunft beziehe ich mich insbesondere auf *M. Horkheimer,* Zur Kritik der instrumentellen Vernunft, Frankfurt: Fischer 1985 sowie auf *J.* Habermas, Theorie des kommunikativen Handelns, Bd. 1 u. 2, 1981.

Seite 83: *S. Krakauer,* Die Angestellten, Frankfurt: Suhrkamp, S. 104, 1971

Seite 90 ff.: Die Ausführungen über Intuition, Gefühl und Informationsverarbeitung beruhen weitgehend auf *T. Bastick,* Intuition: How we think and act, New York: Wiley 1982 und *M.S. Humphreys & W. Revelle,* Personality, motivation, and performance: A theory of the relationship between individual differences and information processing, Psychological Review, 91, S. 153–184, 1984

Seite 90: In Spiegel, 21, 1986

Seite 101: *H.-J. Heinrichs,* Die katastrophale Moderne, Frankfurt: Quamran, S. 78 u. 86, 1984

Seite 102 ff.: »Systemisches« Denken ist primärer Gegenstand von *F. Vester,* Neuland des Denkens, München: dtv 1985 sowie von *Dörner et al.,* a. a. O.
Seite 109: In Spiegel, 20, 1986

Photographien

Seite 23: Copyright dpa
Seite 27: Jens Nagels
Seite 37: Copyright Foto focus
Seite 49: Photomontage Jens Nagels
Seite 55: Photomontage Jens Nagels
Seite 65: Jens Nagels
Seite 67: Photomontage Jens Nagels
Seite 75: AFP Photo International / Copyright dpa
Seite 93: Herbert Bardenheuer
Seite 107: Jens Nagels
Seite 113: Montage unter Verwendung eines Photos von Afp/Copyright dpa
Seite 116: Zeichnung: Susanne L.